2018 Investment Report on
China's Agricultural Industry

2018 中国农业产业投资报告

杨凌农业高新技术产业示范区管委会
科技部中国农村技术开发中心
西北农林科技大学
著

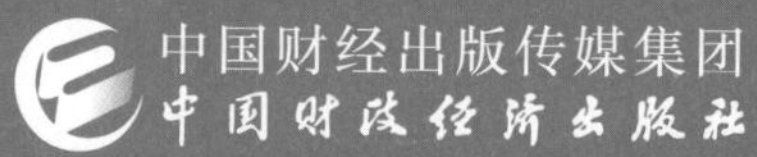

图书在版编目（CIP）数据

2018中国农业产业投资报告／杨凌农业高新技术产业示范区管委会，科技部中国农村技术开发中心，西北农林科技大学著．—北京：中国财政经济出版社，2018.11

ISBN 978-7-5095-8603-7

Ⅰ．①2… Ⅱ．①杨…②科…③西… Ⅲ．①农业投资-研究报告-中国-2018 Ⅳ．①F323.9

中国版本图书馆CIP数据核字（2018）第240510号

责任编辑：张怡然　　责任校对：杨瑞琦
版式设计：丁丁图文　　责任印制：张　健

中国财政经济出版社出版
URL：http://www.cfeph.cn
E-mail：cfeph@cfeph.cn

社址：北京市海淀区阜成路甲28号　邮政编码：100142
营销中心电话：88190406　北京财经书店电话：64033436　84041336
北京时捷印刷有限公司印刷　各地新华书店经销
787×1092毫米　16开　12印张　278 000字
2018年11月第1版　2018年11月北京第1次印刷
定价：120.00元
ISBN 978-7-5095-8603-7
（图书出现印装问题，本社负责调换）
本社质量投诉电话：010-88190744
打击盗版举报热线：88191661　QQ：2242791300

《2018 中国农业产业投资报告》

编 委 会

内容提要

2017 年，是全面落实“十三五”规划的重要一年，是农业供给侧结构性改革的深化之年。一方面，在持续推进农业供给侧结构性改革的背景下，我国粮食生产能力跨上新台阶，为党和国家事业全面开创新局面提供了有力支撑；另一方面，以习近平同志为核心的党中央审时度势，提出了乡村振兴战略，为 2017 年及今后一个时期我国农村农业发展提供了新的动力。随着政策扶持力度不断加大，田园综合体、生态农业、特色小镇等农业新业态涌现，以产业化、规模化、标准化、绿色化为突出特点的现代农业产业愈发受到投资者的青睐。

产业发展：农业综合生产能力持续增强，农业产业新业态不断涌现

2017 年，我国农业综合生产能力持续增强。2017 年，我国粮食总产量 61 791 万吨，比 2016 年增加 166 万吨，增产 0.3%，为历史第二高产年；第一产业增加值 65 468 亿元，比上年增长 3.9%；农村居民人均可支配收入 13 432 元，实际增长 7.3%；全国农村贫困人口 3 046 万人，比上年末减少 1 289 万人；贫困发生率 3.1%，比上年下降 1.4 个百分点。

2017 年，《关于深入推进农业供给侧结构性改革，加快培育农业农村发展新动能的若干意见》（中央 1 号文件）、《关于加快构建政策体系培育新型农业经营主体的意见》、《关于开展国家现代农业产业园创建工作的通知》等利好涉农政策相继出台，“乡村振兴战略”适时提出，为今后一个时期农业农村发展提供了一个宏伟而美好的蓝图。2017 年，绿色发展、三产融合、扩大开放成为中国农业发展趋势，田园综合体、生态农业、特色小镇等新业态呈现，为中国农业发展注入了新的活力。

产业投资：股权投资发展迅猛，非股权投资稳步增加

2017 年，中国农业产业投资快速发展。股权投资方面：2017 年，投资案例数为 1 603 起，是 2016 年投资案例数的近 7 倍；投资案例金额总计约 42.89 亿美元，比上年增长 61.24%，达到了 10 年来投资案例金额的历史最高点；投资领域集中于农产品及食品加工、农业（种植业）、畜牧业，三个行业投资案例数占全部农业投资案例数的 85.44%；投资地域集中于浙江、四川、辽宁、福建、北京、河南等地，上述地区投资案例总数达 896 起，占 2017 年投资案例数的 55.90%；投资金额集中在广东、河南、四川、浙江、江西、湖南，这些地区投资金额占 2017 年案例投资总额的 63.84%。

非股权投资方面：2017 年，财政支农总额 1.91 万亿元，同比增长 3.8%；涉农信贷 30.95 万亿元，同比增长 9.64%；农业保险原保费收入 479.06 亿元，同比增长 14.69%，农业保险提供的保额总量达 1.09 万亿元。2017 年，非金融性外商直接投资（不含银行、证券、保险）新设立企业 35 652 家，比上年同期增长 27.8%，实际使用外商直接投资金额 8 776 亿元（折 1 310 亿美元），比上年同期增长 7.9%，增速比上年加快 3.8 个百分点。其中“一带一路”沿线国家对华直接投资新设立企业 3 857 家，增长 32.8%；对华直接投资金额 374 亿元（折 56 亿美元）。

上市并购：企业上市数量增长逐步放缓，股权并购大幅增长

2017 年，农业领域上市挂牌企业数量增长逐步放缓，共有 193 家涉农企业挂牌上市，较 2016 年有所减少。从上市地点来看，主要分布于新三板和四板，上市挂牌的涉农企业数量分别达到 113 家和 61 家，占比为 58.55%、31.61%。从上市企业行业分布来看，集中于农产品及食品加工业、农业（种植业）、畜牧业、农资，分别占比 47%、23%、11%、8%。从是否获得 VC/PE 支持来看，获得 VC/PE 支持的企业有 21 家，占比 11%，未获得 VC/PE 支持的企业有 172 家，占比 89%。从上市企业地区分布来看，主要来自东部地区。其中，113 家新三板上市的企业中，60 家属于东部地区，34 家属于中部地区，19 家属于西部地区；61 家在四板上市的企业中，41 家属于东部地区，1 家属于中部地区，19 家属于西部地区。

2017 年，我国农业领域股权并购市场呈现较大幅度增长。2017 年，农业领域共完成并购案例 157 起，从数量上看，比 2016 年增加 46.73%，并购交易金额达到 487.55 亿美元，较 2016 年上涨 8.10 倍；并购主要以国内并购为主，国内并购案例 148 起，跨国并购案例 9 起；53 起获得 VC/PE 支持，占比 33.76%，比 2016 年增加 10.40%，未获得 VC/PE 支持的有 104 起。按照发生案例数由多到少，股权并购二级行业依次分布于农产品及食品加工、农业（种植业）、畜牧业、农资、林业、渔业，分别占比 40.76%、17.83%、15.92%、15.92%、8.28%、1.27%。2017 年，农业领域企业完成资产并购案例 5 起，已披露金额的并购案例 4 起，并购交易金额为 3.28 亿美元，5 起均未获得 VC/PE 支持；从资产并购金额来看，农资行业所占比重最大，达 67.23%。

投资行为：传统行业依然活跃，新兴业态潜力巨大

2017 年，随着农业供给侧结构性改革的深入推进，投资机构更加倾向于投资经济附加值高、发展空间大的农业产业链前端与价值链高端产业。农业领域的资本操作除了集中在种植业、畜牧业及农产品加工业等传统行业外，也向农村电商等行业有所倾斜，休闲农业与乡村旅游业的迅速发展开辟了农业投资新空间，成为本年度新的投资热点。

2017 年，农业领域披露投资规模达到 26.74 亿美元，较上年增加 43.84%；A 轮投资总额 4.33 亿美元，最高融资金额 1.93 亿美元。2017 年，我国农业产业共有 20 余家农产品种植企业获得投资，涉及投资金额约为 1.52 亿美元；20 余家畜牧业企业获得投资，涉及金额 10.90 亿美元；60 余家农产品加工企业获得投资，涉及投资金额达 14.70 亿美元；“互联网 +”农业与休闲农业已披露获得投资金额达 0.76 亿美元。

2017 年，投资规模达到 3 000 万美元以上的农业龙头公司 14 家，超过 1 亿美元的超大型投资行为有 7 起。从具体案例来看，2017 年农业领域国内农业行业 VC/PE 融资规模最大的交易为广州国资发展控股有限公司注资广州珠江啤酒集团有限公司，注资规模为 3.94 亿美元，持股比例为 23.74%；其次是上海小村幻熊资产管理有限公司注资哈尔滨食品制造企业 1.48 亿美元。

目录 Contents

< 1　中国农业发展概览 >

< 2 中国农业产业投资情况统计 >

< 3 中国农业领域企业上市情况 >

< 4 中国农业产业并购情况 >

5　投资热点分析

< 6　投资案例分析 >

< 附　录 >

1

中国农业发展概览

1.1 中国农产品供求关系分析

1.1.1 农产品供应稳中有升

我国粮食总产量在 2012 年到 2015 年实现“十二连增”之后，2016 年出现小幅下降，2017 年开始有所回升（见图 1-1）。2017 年，我国粮食总产量 61 791 万吨，比 2016 年增加 166 万吨，增产 0.3%，为历史第二高产年。2017 年我国人均粮食占有量达到 450 公斤，比 2012 年提高 14 公斤。整体来看，近几年来我国每年粮食总产稳居较高水平之上，连续五年站上了 6 亿吨的平台。国家粮食安全主要由国内生产保证，粮食的连年丰收，意味着确保国家粮食安全的物质基础和生产能力的稳步提高。这样不仅有利于新常态下中国经济的快速稳定发展，也对国际粮食安全发挥着重要的作用。

图 1-1 2007~2017 年我国粮食产量变化图

数据来源：《国民经济和社会发展统计公报》，西部发展研究院整理，2018 年 9 月。

2017年，围绕中央1号文件精神，各地区主动调整农业种植结构，加快优化区域布局，在主要口粮作物稻谷、小麦播种面积保持基本稳定的基础上，调减库存较多的玉米种植面积，特别是在玉米非优势产区——“镰刀弯”地区大幅度调减玉米播种面积，实行“粮改饲”“粮改豆”，增加杂粮和豆类的播种面积；进一步扩大花生、中草药材等非粮作物面积，农业种植结构更加优化。2017年，全国粮食播种面积11 222万公顷，比2016年减少81万公顷，下降0.7%。其中谷物种植面积8 962万公顷：小麦种植面积2 399万公顷，减少20万公顷；稻谷种植面积3 018万公顷，减少0.2万公顷；玉米种植面积3 545万公顷，减少132万公顷[①]。

2017年，全国粮食在播种面积减少的基础上实现小幅增产，主要得益于粮食单产水平的提高。有关数据显示，2017年我国粮食单位面积产量为每公顷5 506公斤，比2016年增加54公斤，增长1.0%。而粮食单产的增加主要基于以下三点：一是农业生产气候较为有利。秋粮生长前期，全国大部农区光热充足、降水充沛，有利于秋收作物的生长发育和产量形成。北方农区春播以后，气温回升快，除局部地区一段时间发生旱情，多数地区降水次数多，降水量接近常年同期，土壤墒情适宜，有利于一季稻、玉米和大豆的生长发育。南方大部分农区降水较多，库塘蓄水比较充足，对保障稻田用水和旱粮作物健康成熟有利。9月期间，全国大部分农区气温偏高，光温适宜，有利于秋收粮食作物的灌浆成熟和收晒。整体来看，气候因素有利于秋粮单产提高。二是全国农业气象灾害轻于上年，抗灾救灾得力。春末夏初，虽然东北部分地区出现旱情，南方部分地区发生洪涝，但各地区各部门认真贯彻落实党中央、国务院关于防汛抗旱工作的决策部署，最大程度减轻了灾害损失。总体来看，2017年全国农业气象灾害轻于上年。据国家减灾委统计，2017年1~9月份，全国农作物受灾面积2.7亿亩，比上年同期减少1.1亿亩，下降29%；绝收面积3 125万亩，比上年同期减少2 976万亩，下降49%。三是加强技术推广和田间管理，农业综合生产能力进一步提高。2017年，各地在加快种植业结构调整的同时，不放松粮食生产，积极推进统一供种、

① 国家统计局：《2017年国民经济和社会发展统计公报》，http://www.stats.gov.cn/tjsj/zxfb/201802/t20180228_1585631.html，2018年2月28日。

统一耕种、统一田间管理和统一病虫害防治的增产模式，强化田间管理和技术指导服务，开展测土配方施肥，实现小麦“一喷三防”全覆盖，大力推广水稻智能催芽、大棚育秧、深松整地、侧深施肥等增产技术措施，为粮食稳产增产奠定良好基础①。

2017 年，夏粮产量 14 031 万吨，增产 0.8%；早稻产量 3 174 万吨，减产 3.2%；秋粮产量 44 585 万吨，增产 0.4%。谷物产量 56 455 万吨，比上年减产 0.1%。全年棉花产量 549 万吨，比上年增产 3.5%。全年肉类总产量 8 431 万吨，比上年增长 0.8%，其中猪肉产量 5 340 万吨，增长 0.8%；全年禽蛋产量 3 070 万吨，下降 0.8%；牛奶产量 3 545 万吨，下降 1.6%（见表 1–1）。

表 1–1　2017 年中国农产品产量情况

种类	2016 年产量（万吨）	2017 年产量（万吨）	增长率（%）
粮食	61 624	61 791	0.3
其中：夏粮	13 920	14 031	0.8
早稻	3 278	3 174	–3.2
秋粮	44 426	44 585	0.4
稻谷	20 693	20 856	0.7
小麦	12 885	12 977	0.7
玉米	21 955	21 589	–1.7
棉花	534	549	3.5
油料	3 613	3 732	2.8
糖料	12 299	12 556	1.7
茶叶	241	255	6.0
肉类	8 363	8 431	0.8
其中：猪肉	5 299	5 340	0.8
牛肉	717	726	1.3
羊肉	459	468	1.8
禽肉	1 888	1 897	0.5

① 《2017 年粮食播种面积减少粮食单产水平增加》，http://district.ce.cn/newarea/roll/201712/08/t20171208_27171911.shtml，2017 年 12 月 8 日。

续表

种类	2016 年产量（万吨）	2017 年产量（万吨）	增长率（%）
禽蛋	3 095	3 070	-0.8
牛奶	3 602	3 545	-1.6
水产品	6 900	6 938	0.5
其中：养殖水产品	5 156	5 281	2.7
捕捞水产品	1 744	1 656	-5.8

数据来源：国家统计局，西部发展研究院整理，2018 年 9 月。

尽管 2017 年高产粮食作物种植面积大幅调减，但是全年粮食产量仍然取得稳步增长，这充分说明农业供给侧结构性改革取得积极成效。从整体来看，我国农业供给侧改革持续深入推进，农业现代化水平不断提高，农业从增产导向转向提质导向，农业可持续发展能力不断增强，未来农业经济有望继续保持平稳增长。

1.1.2 农产品需求刚性增长

随着我国城镇化加快和居民收入水平的提高，我国农产品消费将稳步增长，消费升级明显加快。根据农业部发布的《中国农业展望报告（2018—2027）》，未来十年，多数农产品的消费量增长快于产量增长，预计奶制品、牛羊肉、食糖消费年均增速超过 2.0%，蔬菜、水果、禽肉、大豆、饲料消费年均增速在 1.0%~2.0%，马铃薯、牛肉、猪肉、水果和禽肉加工消费年均增速在 4.0%~5.0%。同时，农产品贸易保持活跃，其中食糖、奶制品、水产品、羊肉进口量年均增速预计分别为 12.3%、3.3%、1.7%、1.1%，大豆增速放缓至 0.6%，食用植物油年均增速下降到 1.8%。此外，进口品种和来源地将更加多元，签署自贸区的伙伴国和“一带一路”沿线国家和地区将成为中国农产品进口的重要来源地[①]。这意味着农产品需求量将继续刚性增长，因此，保持粮食持续稳定发展，稳步提升粮食产能仍是农业发展的重中之重。

2017 年，我国农产品进出口额 2 013.9 亿美元，同比增 9.1%。其中，出口 755.3 亿美元，同比增 3.5%；进口 1 258.6 亿美元，同比增 12.8%；贸易逆差 503.3

① 中华人民共和国中央人民政府：《〈中国农业展望报告（2018—2027）〉预测——农业不平衡不充分问题将有效解决》，http://www.gov.cn/xinwen/2018-06/01/content_5295220.htm，2018 年 6 月 1 日。

亿美元，同比增 30.4%[①]。1997~2017 年我国农产品进出口额情况见图 1-2。

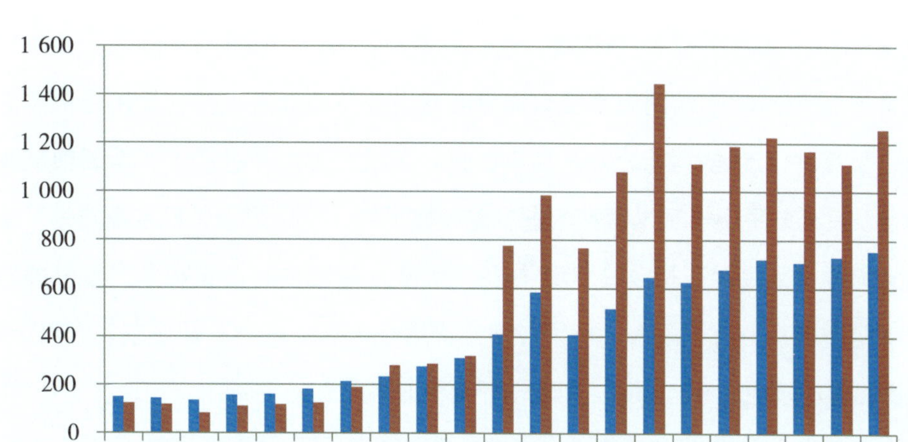

图 1-2 1997~2017 年中国农产品进出口额

数据来源：《中国商务年鉴（2018）》，西部发展研究院整理，2018 年 9 月。

近年来，由于优质小麦市场供需偏紧，加之国内、外小麦差价较大，进口利润较高，进口优质强筋小麦弥补国内优质小麦供给缺口成为常态。2017 年，我国小麦进口量为 442.20 万吨，同比增 29.60%，较之 2016 年进口势头更猛。2017 年由于玉米供给侧改革进行，国产玉米价格优势明显，尽管下半年随着国内玉米价格逐渐提升，进口出现反弹，但综合全年来看，玉米及其替代品的进口量从高位回落。2017 年玉米进口 282.70 万吨、替代品高粱进口 505.70 万吨，同比分别下降 10.70%、23.90%。大米进口仍保持增长，2017 年共进口 402.60 万吨，同比增 13.0%。随着我国啤酒行业和畜牧业的快速发展，国内大麦生产能力一直难以满足持续增长的现实需求，加之近年来大麦的种植面积和产量的减少，供需缺口加大。2017 年我国大麦进口量激增，全年进口 886.30 万吨，同比增 77.10%。

受国内储备菜籽油停止拍卖以及国产油籽产需缺口的影响，2017 年我国油籽和食用植物油进口呈现恢复性增长。2017 年我国食用植物油进口 742.80 万吨，同

① 中华人民共和国农业部：《2017 年 1-12 月我国农产品进出口数据》，http://www.moa.gov.cn/ztzl/nybrl/rlxx/201801/t20180131_6136047.htm，2018 年 1 月 26 日。

比增长 7.90%。食用油籽进口 10 000.00 万吨，同比增 13.90%。其中，油菜籽进口 474.80 万吨，同比增 33.20%，主要来自加拿大（占进口总量的 95.8%）；大豆进口 9 552.60 万吨，较上年增长 13.80%，创历史新高。2017 年我国大豆进口大增原因有三：一是由于 2017 年国内肉禽消费需求旺盛，养殖业效益良好，饲用蛋白需求增加引发大豆进口增加；二是 2017 年年初我国开始对美国产进口干玉米酒糟征收反倾销税及反补贴税，干玉米酒糟的进口量大幅下降，饲用蛋白进口来源减少，使得需求转向进口大豆；三是尽管 2017 年国产大豆产量随播种面积和单产水平的提高同比大幅增加，但由于国内大豆供应增量仍远小于需求增量，加之东北农户惜售，导致实际供应较为有限，国内大豆需求仍严重依赖进口。

由于国内牛羊肉供应不足，加之进口牛羊肉具有明显价格优势，2017 年我国牛羊肉进口量保持高位增长。2017 年我国牛肉进口 69.50 万吨，羊肉进口 24.90 万吨，同比分别增长 19.90% 和 13.10%。从进口来源看，我国的牛肉进口市场比较多元，巴西、乌拉圭、澳大利亚、阿根廷和新西兰分别是前五大进口国，2017 年自这五国的进口量共计占到中国牛肉进口总量的 97% 以上；而我国的羊肉进口市场则十分单一，主要集中在新西兰和澳大利亚，2017 年自这两国的进口量共计占到中国羊肉进口总量的 98.20%。进口猪肉方面，2017 年由于国内猪肉价格持续下行，进口猪肉明显减少，进口冲击减弱。2017 年猪肉累计进口 121.70 万吨，同比减少 24.90%。

2017 年，我国主要农产品进口数量及增长速度见表 1–2。

表 1–2　2017 年主要农产品进口数量及增长速度

商品名称	进口数量（万吨）	增长率（%）	商品名称	进口数量（万吨）	增长率（%）
谷物	2 560.10	16.40	油菜籽	474.80	33.20
小麦	442.20	29.60	食用植物油	742.80	7.90
大麦	886.30	77.10	食用油籽	10 000.00	13.90
玉米	282.70	–10.70	猪肉	121.70	–24.90
大米	402.60	13.00	牛肉	69.50	19.90
大豆	9 552.60	13.80	羊肉	24.90	13.10

数据来源：国家统计局，西部发展研究院整理，2018 年 9 月。

1.2　2017 年中国农业发展现状

1.2.1　农业综合生产力持续增强

经过多年不懈努力，我国农业农村发展不断迈上新台阶，进入了新阶段。2017 年，在全面贯彻党的十八大和十八届三中、四中、五中、六中全会精神基础上，积极推进农业供给侧结构性改革，推动了我国农业质量和数量的全面发展。

2017 年，是我国农业发展史上承上启下的一年。一方面，在持续推进农业供给侧结构性改革的背景下，我国粮食生产能力跨上新台阶，取得了历史性成就，发生了历史性变革，为党和国家事业全面开创新局面提供了有力支撑。另一方面，以习近平同志为核心的党中央审时度势，提出了乡村振兴战略，这也成为推动 2017 年以及今后一个时期我国农村农业发展的重要政策。

2017 年，中国农业发展从量上看，成就是巨大的。一方面，2017 年我国国内生产总值中，第一产业增加值 65 468 亿元，比上年增长 3.9%。另一方面，2017 年，粮食再获丰收，为历史第二高产年。2017 年全国粮食总产量达到 6 179 亿公斤，比上年增加 16.5 亿公斤，增长 0.3%。全国粮食总产量 2013 年以来已连续 5 年超过 6 000 亿公斤，确保国家粮食安全的物质基础和生产能力更加雄厚。

2017 年，在坚决执行农业供给侧结构性改革下，我国农业发展在质量上也有了显著提升。首先，我国粮食产量在获得丰收的同时，耕地占用面积下降。据统计，2017 年全年粮食种植面积 11 222 万公顷，比上年减少 81 万公顷。其中，小麦种植面积 2 399 万公顷，减少 20 万公顷；稻谷种植面积 3 018 万公顷，减少 0.2 万公顷；玉米种植面积 3 545 万公顷，减少 132 万公顷。棉花种植面积 323 万公顷，减少 12 万公顷。油料种植面积 1 420 万公顷，增加 7 万公顷。糖料种植面积 168 万公顷，减少 1 万公顷。其次，我国农业结构进一步得到调整。2017 年农林牧渔业增加值 68 009 亿元，可比增长 4.1%，比上年加快 0.6 个百分点。分业看，农业、林业和畜牧业增加值增长加快，渔业和农林牧渔服务业增加值增速回落。2017 年农业、林业和畜牧业增加值增速分别为4.6%、6.6%和2.3%，比上年分别加快0.9、0.8和0.9个百分点；渔业增加值增速为2.6%，比上年慢1.4个百分点；农林牧渔服务业增加值继续保持较快增长速度，达到7.9%，但比上年有所回落，慢0.4个百分点。最后，我国通过轮作休耕、化肥农药减量增效，来发展绿色农业。如在农业部深入实施化肥、农药使用量零增长行动中，通过选择200个县开展化肥减量增效试点和建设600个统防统治与绿色防控融合示范片，有效减少了化肥农药使用量。

1.2.2 农民收入不断增加

2017年，在围绕农民增收方面，我国取得了巨大的成就。一方面，在坚持供给侧结构性改革和各项惠农政策下，我国农村居民收入快速增长，城乡居民间收入差距继续缩小；另一方面，在精准扶贫等政策指导下，我国农村贫困人口明显减少。

2017年，全国居民人均可支配收入实际增速比上年加快1.0个百分点，扭转了居民收入增速近年来的回落态势。其中，城镇居民人均可支配收入实际增速比上年加快0.9个百分点，农村居民人均可支配收入实际增速比上年加快1.1个百分点。农村居民人均可支配收入13 432元，实际增长7.3%。农村居民人均可支配收入实际增速高于城镇居民0.8个百分点（见图1-3）。

图1-3 2000~2017年中国农村居民人均可支配收入变化图

数据来源：《国民经济和社会发展统计公报》，西部发展研究院整理，2018年9月。

2017 年，全国农村贫困人口明显减少，贫困发生率持续下降，贫困地区农村居民收入加快增长，与全国农村平均水平的差距进一步缩小。2017 年，贫困地区农村居民人均可支配收入 9 377 元，按可比口径计算，比上年增加 894 元，名义增长 10.5%，扣除价格因素，实际增长 9.1%，实际增速比上年快 0.7 个百分点，比全国农村平均水平高 1.8 个百分点。据对全国 31 个省（自治区、直辖市）16 万户居民家庭的抽样调查，按现行国家农村贫困标准测算，2017 年年末，全国农村贫困人口 3 046 万人，比上年年末减少 1 289 万人；贫困发生率 3.1%，比上年下降 1.4 个百分点（见图 1–4）。

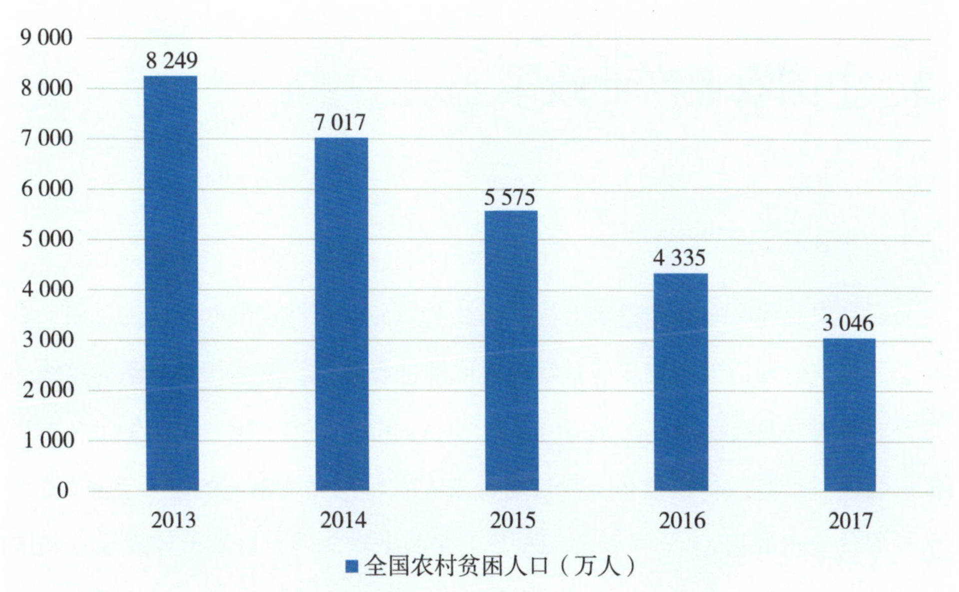

图 1–4 2013~2017 年中国农村贫困人口数量变化图

数据来源：《国民经济和社会发展统计公报》，西部发展研究院整理，2018 年 9 月。

1.2.3 发展不平衡不充分问题突出

习近平总书记在党的十九大报告中明确指出了中国特色社会主义新时代的主要矛盾为人民日益增长的美好生活需要和不平衡不充分的发展之间的矛盾。当前，我国发展不平衡不充分问题在乡村最为突出，主要表现在：农产品阶段性供过于求和供给不足并存，农业供给质量亟待提高；农民适应生产力发展和市场竞争的能力不足，新型职业农民队伍建设亟须加强；农村基础设施和民生领域欠账较多，农村环境和生态问题比较突出，乡村发展整体水平亟待提升；国家支农体系相对薄弱，农村金融改革任务繁重，城乡之间要素合理流动机制亟待健全；农村基层党建存在薄弱环节，乡村治理体系和治理能力亟待强化。

为此，我国仍需进一步调动促进农村农业发展的因素。主要包括：进一步推动“三权分置”政策；号召更多“懂农业、爱农村、爱农民”的青年人才扎根农村；推动农产品价格机制改革等。通过调动一切积极因素，推进我国农业的进一步发展，为实现“全面小康”和“两个百年奋斗目标”打好基础。

1.3 中国农业产业政策

1.3.1 涉农政策现状

为提高农业综合效益和竞争力，推进社会主义新农村建设取得新的进展，力争农村全面小康建设迈出更大步伐，我国要以推进农业供给侧结构性改革为主线，加快培育农业农村发展新动能。2017 年 2 月 5 日，中共中央、国务院印发了《关于深入推进农业供给侧结构性改革，加快培育农业农村发展新动能的若干意见》，这是党中央连续发出的第 14 个指导“三农”工作的 1 号文件。这不但体现了党和国家对于“三农”问题的重视，更体现了“三农”问题对于国家的重要性。此外，2017 年 10 月 18 日党的十九大报告中，习近平总书记提出了乡村振兴战略，这进一步表明了在中国特色社会主义进入新时代的历史背景下，党和国家从总体把握，积极引领农业农村发展，开创农业现代化建设新局面，为全面建成小康社会和实现“两个百年”奋斗目标打好基础。

1 号文件中，党中央做出了我国农业农村发展进入新的历史阶段这一有重要现实意义和深远历史意义的完整判断，并提出了 6 个部分，33 条政策措施，紧紧围绕“农业供给侧结构性改革”和“培育农业农村发展新动能”两个方面来谋篇布局。具体包括：优化产品产业结构，着力推进农业提质增效；推行绿色生产方式，增强农业可持续发展能力；壮大新产业新业态，拓展农业产业链、价值链；强化科技创新驱动，引领现代农业加快发展；补齐农业农村短板，夯实农村共享发展基础；加大农村改革力度，激活农业农村内发展动力；这六项内容。

党的十九大报告中，习近平总书记首次提出了“乡村振兴战略”。战略包括坚持农业农村优先发展，巩固和完善农村基本经营制度等，为今后一个时期农业农村发展提供了一个宏伟而美好的蓝图。

2017年，相关国家部委也先后发布了相关农业政策。农业部和财政部发布了《关于开展国家现代农业产业园创建工作的通知》，通过农业产业园建设引领农业供给侧结构性改革，加快推进农业现代化；中共中央办公厅和国务院办公厅印发《关于加快构建政策体系培育新型农业经营主体的意见》，以加快构建政策体系，引导新型农业经营主体健康发展；财政部等分布《中央财政农业生产救灾及特大防汛抗旱补助资金管理办法》，通过加强对救灾资金的管理，提高资金使用效率。（见表1-3）

表1-3　2017年中国农业产业政策概览表

时间	发布机构	名称	内　　容
2017-01-23	中共中央、国务院	关于加强耕地保护和改进占补平衡的意见案	耕地后备资源不断减少，实现耕地占补平衡、占优补优的难度日趋加大，耕地保护面临多重压力，应着力加强耕地管控、建设、激励多措并举保护等措施，依法加强耕地占补平衡规范管理，提高粮食综合生产能力，保障国家粮食安全，为实现“两个一百年”奋斗目标、实现中华民族伟大复兴中国梦构筑坚实的资源基础。
2017-02-06	国务院办公厅	关于创新农村基础设施投融资体制机制的指导意见	在坚持政府主导、社会参与，农民受益、民主决策、因地制宜、分类施策，建管并重、统筹推进的原则下，通过构建多元化投融资新格局，健全投入长效机制；完善建设管护机制，保障工程长期发挥效益；健全定价机制，激发投资动力和活力等，到2020年，主体多元、充满活力的投融资体制基本形成，广大农民共享改革发展成果的获得感进一步增强。

续表

时间	发布机构	名称	内　容
2017-03-23	农业部、财政部	2017 年重点强农惠农政策	通过农民直接补贴，支持新型农业经营主体发展，支持农业结构调整，支持农村产业融合发展，支持绿色高效技术推广服务，支持农业资源生态保护和面源污染防治，支持农业防灾救灾，大县奖励政策等，紧紧围绕农业供给侧结构性改革，加大支农投入，强化项目统筹整合。
2017-03-31	国务院	关于建立粮食生产功能区和重要农产品生产保护区的指导意见	在把握新时期我国农业发展矛盾的基础上，以深入推进农业供给侧结构性改革为主线，以主体功能区规划和优势农产品布局规划为依托，以永久基本农田为基础，将“两区”细化落实到具体地块，优化区域布局和要素组合，促进农业结构调整，提升农产品质量效益和市场竞争力，为推进农业现代化建设、全面建成小康社会奠定坚实基础。
2017-04-06	农业部、财政部	关于开展国家现代化农业产业园创建工作的通知	通过指导建设农业产业园，以突出现代农业产业园产业融合、农户带动、技术集成、就业增收等功能作用，引领农业供给侧结构性改革，加快推进农业现代化。
2017-04-27	国家农业综合开发办公室	2017 年农业综合开发资金和项目重点监控工作方案	通过对国家农业综合开发资金使用情况和项目建设任务完成情况进行监控，做好农发重点监控工作对强化农业综合开发资金监管、确保农业综合开发资金安全有效运行和项目顺利实施、完善农业综合开发监管体制、不断提高农业综合开发管理水平等。
2017-04-28	财政部、农业部	关于印发《动物防疫等补助经费管理办法》的通知	为了加强动物防疫等补助经费的管理和监督，提高资金使用效益，根据《中华人民共和国预算法》等有关规定，财政部会同农业部制定了该办法。
2017-05-31	中共中央办公厅、国务院办公厅	关于加快构建政策体系培育新型农业经营主体的意见	在把握当前农业发展进入新的历史阶段，面对新的矛盾的背景下，加快培育新型农业经营主体，加快形成以农户家庭经营为基础、合作与联合为纽带、社会化服务为支撑的立体式复合型现代农业经营体系推进农业供给侧结构性改革、引领农业适度规模经营发展、带动农民就业增收、增强农业农村发展新动能。

续表

时间	发布机构	名称	内　　容
2017-06-07	农业部、财政部、国家发展和改革委员会、国务院法制办、教育部、新闻出版广电总局	关于做好2017年农民负担监管工作的意见	为迎接党的十九大胜利召开，贯彻落实中央一号文件精神，通过加强村级组织和新型农业经营主体负担监管，严格监管涉农收费和价格，完善村级公益事业一事一议筹资筹劳办法，着力解决贫困地区农民负担问题，强化农民负担监督检查，健全农民负担监管工作机制等途径加强农民负担监管，维护农民合法权益，保持农村社会和谐稳定。
2017-06-13	财政部、税务总局	关于延续支持农村金融发展有关税收政策的通知	通过对金融机构农户小额贷款的利息收入免征增值税；对金融机构农户小额贷款的利息收入，在计算应纳税所得额时，按90%计入收入总额；对保险公司为种植业、养殖业提供保险业务取得的保费收入，在计算应纳税所得额时，按90%计入收入总额等方法继续支持农村金融发展。
2017-08-30	财政部、农业部、水利部、国土资源部	关于印发《中央财政农业生产救灾及特大防汛抗旱补助资金管理办法》的通知	为加强中央财政农业生产救灾及特大防汛抗旱补助资金管理，提高资金使用效益，根据有关法律法规以及《国务院关于印发推进财政资金统筹使用方案的通知》（国发〔2015〕35号）、《财政部关于印发〈中央对地方专项转移支付管理办法〉的通知》（财预〔2015〕230号）等文件，制定本办法。
2017-09-08	国务院办公厅	关于加快推进农业供给侧结构性改革大力发展粮食产业经济的意见	在把握当前我国粮食供给由总量不足转为结构性矛盾的背景下，通过培育壮大粮食产业主体，创新粮食产业发展方式，加快粮食产业转型升级，强化粮食科技创新和人才支撑，夯实粮食产业发展基础，完善保障措施等方法，加快推进农业供给侧结构性改革，大力发展粮食产业经济，促进农业提质增效、农民就业增收和经济社会发展。
2017-10-25	农业部、国家发展和改革委员会、财政部、国土资源部、人民银行、税务总局	关于促进农业产业化联合体发展的指导意见	在我国当前农业农村发展进入新阶段的背景下，为顺应新型农业经营主体蓬勃发展的新形势新要求，探索发展农业产业化联合体，通过健全资源要素共享机制，推动农业产业化联合体融通发展，完善利益共享机制，促进农业产业化联合体与农户共同发展，完善支持政策，强化保障措施等促进农业产业化联合体发展。

续表

时间	发布机构	名称	内　容
2017-11-23	中共中央办公厅、国务院办公厅	关于支持深度贫困地区脱贫攻坚的实施意见	脱贫攻坚决战决胜的关键之策在于补齐西藏、四省藏区、南疆四地州和四川凉山州、云南怒江州、甘肃临夏州以及贫困发生率超过18%的贫困县和贫困发生率超过20%的贫困村这些短板。为此，应中央统筹，重点支持"三区三州"；地方要统筹整合资源，紧盯最困难的地方，瞄准最困难的群体，扭住最急需解决的问题，集中力量解决本区域内深度贫困问题；要继续发挥我们的政治优势和制度优势，发挥贫困地区贫困群众主动性、创造性，凝聚起各方面力量。
2017-12-04	中共中央办公厅、国务院办公厅	关于建立健全村务监督委员会的指导意见	在全面贯彻党的十九大精神，以习近平新时代中国特色社会主义思想为指导，通过对村务监督委员会人员组成、职责权限、监督内容、工作方式、管理考核、组织领导等方面进行规定，以建立健全村务监督委员会，从源头上遏制村民群众身边的不正之风和贪腐之风，促进农村和谐稳定，提升乡村治理水平。
2017-12-24	中共中央办公厅、国务院办公厅	关于加强贫困村驻村工作队选派管理工作的指导意见	通过规范人员选派、明确主要任务、加强日常管理、加强考核激励、强化组织保障来着力解决驻村帮扶中选人不优、管理不严、作风不实、保障不力等问题，以紧紧围绕统筹推进"五位一体"总体布局和协调推进"四个全面"战略布局，牢固树立和贯彻落实新发展理念，深入实施精准扶贫精准脱贫。从而更好发挥驻村工作队脱贫攻坚生力军作用。

来源：公开资料，西部发展研究院整理，2018年9月。

1.3.2　市场对涉农政策的需求

（1）继续推进农村土地政策改革，激发农业农村经济发展活力

2017年既是对党的十八大以来各项成果的总结之年，也是党的十九大的开局之年。中央1号文件中，党和国家领导人做出了我国农业农村发展已经进入了新阶段的历史判断，要求把握新的历史背景，深入推进农业供给侧结构性改革，加快培育农业农村发展新动能。当前的农村土地政策不能有效调动农民的积极性和主动性，不利于农业农村持续健康发展。因此，应继续推进农村土地政策改革，完善相关配

套措施，使农村土地政策顺应中国特色社会主义新时代的发展背景，为实现全面建成小康社会和“两个百年”奋斗目标打下坚实基础。

在 2016 年推出的农村土地“三权分置”的基础上，2017 年应继续推进相关改革。第一，要继续进行农村承包地确权颁证工作。目前，该工作已在全国 28 个试点省份开展，实测承包地面积 15.2 亿亩，已经超过二轮家庭承包耕地面积，确权面积11.1亿亩，占二轮家庭承包耕地账面面积的82%。接下来，要扩大试点省份数量，尽快做到普及全国。第二，要建立健全农村土地经营权流转交易市场，减少信息不对称带来的市场运营低效率和交易成本。第三，要加大对新型农业经营主体的政策支持力度，消除他们在进行规模农业生产时遇到的土地障碍。

（2）加快绿色农业建设，提高农业可持续发展水平

在坚持习近平总书记“绿水青山就是金山银山”思想的基础上，学习新时代中国特色社会主义理论，正确把握新时代的主要矛盾，从而转变农业发展思路，坚持发展绿色农业，发展环境友好型农业。一方面，可以改善生态自然环境，助力美丽乡村建设；另一方面，有利于激发农业农村发展新活力，在保证农业产量递增的同时，提高质量。

为此，首先要继续坚持农业部等国家部委推动的化肥农药零增长行动，推广有机肥代替化肥。建立统防统筹与绿色防控融合示范片等，减少农药使用量。其次，推广轮作休耕，提高土地产量，让粮食生产过程更绿。据报道，吉林省松原市民乐村通过整村玉米耕地秸秆还田保护性耕作，连续还田 4 年的地少施肥 25%，同时玉米单产还增加了 30% 多。最后，通过民族种业发展，推进粮食产量和质量上升。

（3）全面实施精准扶贫方略，坚决打赢脱贫攻坚战

为实现 2020 年全面建成小康社会和“两个百年”的奋斗目标，全国各地要在习近平新时代中国特色社会主义思想的指导下，继续贯彻落实精准扶贫精准脱贫基本方略，把握住核心是精准、关键是落实、确保可持续的要点，采取更加集中的支持、更加有效的举措开展扶贫脱贫工作。

为此，一方面，精准扶贫要打牢基础，以人民群众利益为先，深入实际，对贫困家庭信息做到“一档一户”的动态管理。坚持分类施策的基本原则，针对不同类型的贫困原因和特点，做到因户施策、因人施策。另一方面，坚持把发展产业作为

实现脱贫的根本之策，集中力量培育贫困县的现代特色农业产业，建立促进贫困地区农民稳定脱贫致富的长效机制。

1.4 现代农业发展趋势

1.4.1 绿色发展打造人与自然和谐共生

自十八届五中全会提出“创新、协调、绿色、开放、共享”的发展理念以来，用绿色理念引领农业现代化建设进一步成为社会共识。“十三五”时期，生态、绿色、环保、可持续更是成为现代农业发展的重中之重。2016 年中央 1 号文件明确提出“推动农业可持续发展，必须确立发展绿色农业就是保护生态的观念”。2017 年 1 号文件又进一步要求“推行绿色生产方式，增强农业可持续发展能力”。

近些年来，随着市场需求升级、生产技术进步、监管制度完善等，农业加快向低碳循环方向发展，绿色化发展水平不断提高。一方面，农业绿色发展行动不断推进。化肥农药零增长、有机肥替代化肥、高效生态循环种养模式、农业废弃物资源化利用等农业清洁生产行动的持续深入，极大地促进了农业的节本增效；一系列大规模农业节水工程的实施，充分地保障国家水安全和粮食安全的用水需求；农村突出环境问题的综合治理以及山水林田湖草的系统治理，为农业生产可持续发展能力续航；大规模国土绿化行动、国家储备林基地建设等重大生态工程的开展，有利于实现自然资源的永续利用，从而实现人与自然和谐共生发展的新格局。

另一方面，绿色生产推动农业可持续发展机制不断完善。随着农业功能区制度的落实，重点生态功能区转移支付力度的加大，生态保护成效与资金分配挂钩的激励约束机制的完善，我国的市场化多元化生态补偿机制不断成熟。比如，政府鼓励各地加大农作物秸秆综合利用支持力度，健全秸秆多元化利用补贴机制。鼓励地方在重点生态区位推行商品林赎买制度，健全地区间、流域上下游之间横向生态保护补偿机制，探索建立生态产品购买、森林碳汇等市场化补偿制度等。与此同时，食品安全战略的全面实施进一步建立健全了农产品质量和食品安全标准体系、农业投入品和农产品质量安全追溯体系，完善了农产品质量和食品安全监管体制。而随着县乡两级农村环境保护主体责任的全面落实，基层环境监管能力得到很大提高，基层环境监管体系也进一步完善。

1.4.2 三产融合拓展农业产业价值链

产业融合已成为世界范围内产业发展不可阻挡的潮流，新的产业革命正在不断孕育，农村产业融合不可避免地汇入这一历史性潮流当中。一方面，随着制度改革向纵深推进，城乡统一市场体系不断形成，市场配置资源的决定性作用进一步发挥，城乡要素自由流动的障碍逐步破除，以技术、资本为代表的现代生产要素，新的商业模式和业态，全方位、大规模向农村渗透，农业生产方式和组织方式发生深刻变革。以乡村旅游为代表的我国农业中典型的新产业、新业态充分利用农村各类物质与非物质资源富集的独特优势，大力开发农业多种功能，以产业创新和业态创新拓展农业产业价值链；农产品加工业提升行动力，鼓励企业兼并重组，淘汰落后产能，支持主产区农产品就地加工转化增值；现代化农产品冷链仓储物流体系和农产品销售公共服务平台的建设，支持供销、邮政及各类企业把服务网点延伸到乡村，农产品产销稳定衔接机制得到发展完善；具有广泛性的促进农村电子商务发展的基础设施的建设，鼓励支持各类市场主体创新发展基于互联网的新型农业产业模式，深入实施电子商务进农村综合示范，农村流通现代化得到快速发展。

另一方面，城市人口增加和消费结构升级，为扩大农产品消费需求、拓展农业功能提供了更为广阔的空间，也为农业实现规模化生产、集约化经营创造了条件。在国家产业融合支持政策和示范性平台的带动下，生产要素重新配置带动的供给结构变化和消费升级带动的需求变化，将共同促进农业产业链和价值链建设，推动农业产业链条延伸和农业功能不断拓展，农村三次产业融合发展体系的构建和完善，必将为农业农村经济发展提供持续动力。

1.4.3 扩大开放构建农业对外开放新格局

随着“一带一路”等国家倡议的深入实施，农业对外开放步伐进一步加快，“引进来”和“走出去”同步发展，农业对外开放的深度和广度将进一步提高。更高层次的“引进来”，有利于更好地利用国际市场和资源，更好地利用国外先进生产技术、机械装备及高端人才等现代要素，缓解国内紧缺农产品供求紧张关系，减轻国内资源环境压力，优化国内农产品供给结构。通过健全农产品贸易反补贴、反倾销和保障措施法律法规，依法对进口农产品开展贸易救济调查，建立和完善公平竞争的农产品进口市场环境。

更大规模地“走出去”，有利于拓展农业发展空间，提升我国在全球农业价值链分工中的地位，增强我国利用国际资源调控国内农产品价格的能力。一直以来，我国鼓励通过加大海外推介力度、加强农业对外合作、优化资源配置、着力节本增效，提高我国农产品国际竞争力，扩大特色优势农产品出口、扩大高附加值农产品出口，推动农业走出去。特别是以“一带一路”沿线及周边国家和地区为重点，支持农业企业开展跨国经营，建立境外生产基地和加工、仓储物流设施，培育具有国际竞争力的大企业、大集团。此外，积极参与国际贸易规则和国际标准的制定修订，推进农产品认证结果互认工作，深入开展农产品反走私综合治理，实施专项打击行动，促进形成更加公平合理的农业国际贸易秩序。

但同时，国内外主要农产品价格倒挂的趋势短期不会改变，国际农产品对国内市场压力加大，部分产品对外依存度会不断走高，从而给国内主要农产品价格调控带来更大压力；国际农产品市场投机炒作及传导影响也会加深，农产品出口贸易摩擦增多，农业对外投资竞争压力会进一步加大。

1.5 农业发展新业态

1.5.1 田园综合体

田园综合体是集现代农业、休闲旅游、田园社区为一体的特色小镇和乡村综合发展模式，是在城乡一体化格局下，顺应农村供给侧结构性改革、新型产业发展，结合农村产权制度改革，实现中国乡村现代化、新型城镇化、社会经济全面发展的一种可持续性模式[①]。

田园综合体是循环农业、创意农业和农事体验的有机结合，以空间创新优化产业结构，促进三次产业的深度融合，助力农业供给侧结构性改革；是实现农业现代化和城乡一体化联动发展的新支点，为形成以城带乡、以工促农的城乡发展新格局提供有力支撑；是打造美丽乡村的新动力，既探索了农民多元化的聚居模式，又为城市文明与乡村文明的融合发展提供契机[②]。田园综合体按其发展模式分类可分为特色产业园型、文化创意型、都市观光园型和农事体验型。

近年来，在政府的大力支持下，我国涌现出了诸如无锡阳山的田园东方、辽宁的心灵休憩花海、成都都江堰的天府源等田园综合体。2017 年 5 月 24 日，财政部印发《关于开展田园综合体建设试点工作的通知》，要求坚持以农为本、共同发展、市场主导、循序渐进的原则建设田园综合体试点，培育农业农村发展新动能，激发农业农村发展活力，探索农业农村发展新路径，实现“村庄美、产业兴、农民富、环境优”的目标。

1.5.2 生态农业

生态农业就是指在保护、改善农业生态环境的前提下，按照生态学原理和经济学原理，运用现代科学技术成果和现代管理手段、先进的设施和经营理念以及传统农业的有效经验建立起来的，能获得较高的经济、生态和社会效益的现代化农业[③]。

在新的时代背景下，要实现我国农业农村健康持续发展，必须以“绿色”发展理念为指引，以生态文明建设为抓手。生态农业践行绿色生产的发展理念，遵循生态经济规律，以保护自然生态资源、创造良好生态环境、全面建设美丽乡村为目标，为实现社会经济发展提供了重要载体。发展生态农业既是突破资源环境硬性约

---

① 《田园综合体：休闲农业和乡村旅游发展的大方向》，搜狐网，https://www.sohu.com/a/141143826_247689，2017 年 5 月 17 日。

② 卢贵敏：《田园综合体试点：理念、模式与推进思路》，《农业供给侧改革》，2017 年。

③ 杨瑞珍、陈印军：《中国现代农业发展趋势与任务》，《中国农业资源与区划》，2017 年第 38（5）期，第 167—171 页。

束的有效举措，也是满足人民日益增长的美好生活需要的必然选择。

2016 年 9 月，《农业综合开发区域生态循环农业项目指引（2017—2020 年）》发布，提出 2017~2020 年建设约 300 个区域生态循环农业项目的目标，并要求积极推动资源节约型、环境友好型和生态保育型农业发展，提升农产品质量安全水平、标准化生产水平和农业可持续发展水平。2017 年 12 月 8 日，以“坚持绿色发展，打造生态农业”为主题的第十届中国绿色生态农业发展论坛在海南召开，会上对如何打造绿色生态农业、保障其可持续发展提出建设性意见。

到目前，我国生态农业建设面积约 1 000 万公顷，占我国农业耕地面积的 12%，目前我国生态农业包含了生态农户、生态农业村、生态农业县乃至生态农业省等，遍布全国各省、自治区、直辖市①。经过多年的探索和发展，我国已经创造出适合我国国情的生态农业模式，初步形成了国家、集体、个人投入相结合的市场运作方式。

1.5.3 特色小镇

特色小镇是以某一特色产业为依托，具有一定的产业基础和清晰的产业定位，通过政府、企业等多方参与规划建设，使其具备独特的文化内涵、宜居宜游的环境、完善的基础设施以及灵活的体制机制的一种新的区域发展模式②。特色小镇依托自身丰富的自然资源和生态优势，深度挖掘文化底蕴，积极发挥小镇作为产业载体的作用，以信息化优化资源配置，拓展小镇多种功能。

在经济发展新常态背景下，国家对建设特色小镇支持力度不断加大，特色小镇发展前景可期。2016 年 7 月，住房和城乡建设部、国家发展和改革委员会和财政部共同发布《关于开展特色小镇培育工作的通知》，并提出到 2020 年，培育 1 000 个左右各具特色、富有活力的特色小镇的目标。2017 年 3 月，中国特色小镇战略规划与投资高峰论坛的召开，令特色小镇投资发展的规划蓝图和建设模板愈发清晰。5 月，住房和城乡建设部又发布了《关于做好第二批全国特色小镇推荐工作的通知》，

① 岳海涛、王文贵：《中国生态农业发展现状及展望》，《绿色科技》，2017 年。

② 刘国斌、高英杰、王福林：《中国特色小镇发展现状及未来发展路径研究》，《哈尔滨商业大学学报（社会科学版）》，2017 年。

对特色小镇的建设做出进一步要求，要求以新的理念和发展方式探索全国小城镇的建设路径。

截至 2017 年 7 月底，住房和城乡建设部公布了两批共 403 个国家级特色小镇。根据住房和城乡建设部推荐工作的通知并结合特色小镇主打特色，可以将第一批共 127 个小镇划分为工业发展型（占比 14.96%）、历史文化型（占比 18.11%）、旅游发展型（占比 50.39%）、民族聚居型（占比 2.36%）、农业服务型（占比 11.81%）和商贸流通型（占比 2.36%）。总之，我国正在不断探索和建立特色小镇模式。

2

中国农业产业投资情况统计

2.1 中国农业产业整体投资情况

在经历 2012 年的农业产业投资的大幅增加之后，近些年农业投资热度不减，2017 年迎来农业产业投资快速发展的一年。截至 2017 年年底，因为 2017 年统计时加入个人投资者的投资事件，农业领域投资案例数高达 1 603 起，是 2016 年投资案例数的近 7 倍，投资案例金额总计约 42.89 亿美元，比 2016 年增长 61.24%，其投资案例数以及金额均创下历年之最。从投资所属农业细分领域来看，以农业、畜牧业、种植业领域为主。投资区域主要由北京、广东等发达省份向浙江、四川、河南等农业大省转移。涉农投资主要用于两方面：一是农业基础建设，国家固定资产投资用于农业和农村的比例保持稳定，并逐步提高；二是调整国民收入分配结构和财政支出结构。

2.1.1 社会投资情况

根据中国人民银行调查统计司数据，2017 年社会融资规模增量为 19.44 万亿元，比 2016 年增加 16 408.00 亿元，社会融资规模实现小幅增加但增幅较 2016 年有所下降。在 2012~2015 年连续三年社会融资规模增量减少后，2016 年、2017 年已实现连续两年社会融资规模增加。其中，2017 年人民币贷款规模增量为 13.84 万亿元，同比多增 14 068.00 亿元，近五年一直保持着稳中有升的趋势。外币贷款（折合人民币）规模增量为 19.44 亿元，同比多增 5 662.73 亿元，实现近些年首次正向增长；委托贷款规模增量为 7 777.20 亿元，同比少增 1.41 万亿元；信托贷款规模增量为 22 553.88 亿元，同比多增 1.40 万亿元，增长近 2.6 倍，增长幅度十分显著；未贴现的银行承兑汇票增量为 5 444.04 亿元，实现近三年未贴现的银行承兑汇票增量为负后的首次正向增长；企业债券净融资 4 471.89 亿元，同比少增 2.55 万亿元，下降明显；非金融企业境内股票融资 8 749.35 亿元，同比少增 0.37 万亿元，较上年略有下降。

从结构看，2017 年人民币贷款占同期社会融资规模增量的 71.20%，与 2016 年相比规模占比略有上升，是社会融资规模实现增量的最重要形式；外币贷款（折合人民币）、信托贷款、未贴现银行承兑汇票占同期社会融资规模增量的比例都略有上升。相反委托贷款、企业债券、非金融企业境内股票融资比例都略有下降，企业债券融资在社会融资规模占比下降最为明显，由 2016 年社会融资占比 16.85% 下降为 2017 年的 2.3%。

从实现 2017 年社会融资的区域来看，2017 年社会融资主要集中在广东、江苏、浙江、上海、山东等省份或直辖市，这 5 个省份或直辖市的社会融资规模增量占全国社会融资规模增量的近 36.47%。与 2016 年相较，2017 年广东和江苏地区社会融资规模依旧保持社会融资规模地区增量排名的第一及第二，浙江 2017 年社会融资规模增量实现强劲增长超越众多地区位列第三。

2.1.2 固定资产投资情况

如图 2-1 所示，自 2015 年固定资产投资增速明显放缓，2017 年全社会固定资产投资 641 238 亿元，比上年增长 7.00%，扣除价格因素，实际增长 1.13%。其中，固定资产投资（不含农户）596 501 亿元，增长 7.2%。从固定资产投资区域上看，东部地区投资 265 837 亿元，比上年增长 8.3%；中部地区投资 163 400 亿元，增长 6.9%；西部地区投资 166 571 亿元，增长 8.5%；东北地区投资 30 655 亿元，增长 2.8%。

从固定资产投资（不含农户）所涉及产业分布情况来看，第一产业投资 20 892 亿元，比上年增长 11.8%；第二产业投资 235 751 亿元，增长 3.2%；第三产业投资 375 040 亿元，增长 9.5%。基础设施投资 140 005 亿元，增长 19.0%，占固定资产投资（不含农户）的比重为 22.2%。民间固定资产投资 381 510 亿元，增长 6.0%，占固定资产投资（不含农户）的比重为 60.4%。六大高耗能行业投资 64 430 亿元，下降 1.8%，占固定资产投资（不含农户）的比重为 10.2%。

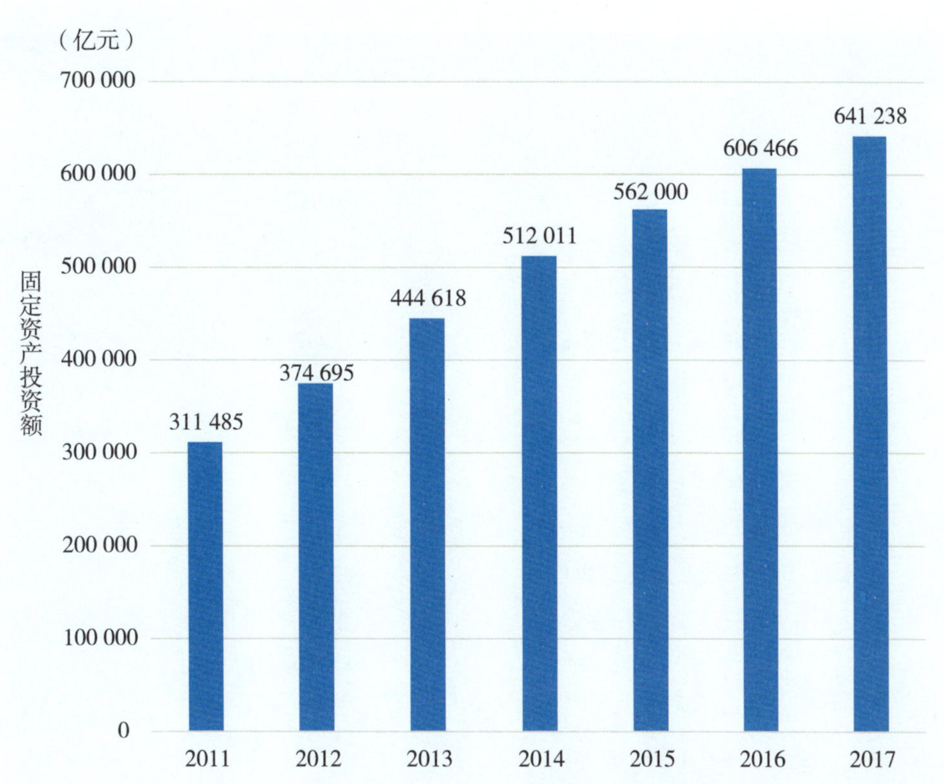

图 2-1　2011~2017 年全社会固定资产投资示意图

数据来源：《2017 年国民经济与社会发展统计公报》，西部发展研究院整理，2018 年 9 月。

如表 2-1 所示，2017 年我国分行业固定资产投资中水利、环境和公共设施管理业、教育、卫生和社会工作等基本公共服务领域固定资产投资快速增长。其中水利、环境和公共设施管理业全社会固定资产投资额总计 82 105 亿元，同比增长 21.2%，增长十分显著。其中教育依旧保持较高的增长率，同比增长 20.2%，增长势头依旧强劲。值得注意的是农、林、牧、渔业在 2011~2016 年连续 6 年具有超过 20% 的增长率，但是 2017 年农、林、牧、渔业固定资产投资额增速大幅下降，同比增长仅 9.1%。

表 2-1　　2017 年分行业固定资产投资（不含农户）及其增长速度

行　业	投资额（亿元）	比上年增长（%）
总计	631 684	7.2
农、林、牧、渔业	24 638	9.1
采矿业	9 209	-10.0
制造业	193 616	4.8

续表

行　业	投资额（亿元）	比上年增长（%）
电力、热力、燃气及水生产和供应业	29 794	0.8
建筑业	3 648	-19.0
批发和零售业	16 542	-6.3
交通运输、仓储和邮政业	61 186	14.8
住宿和餐饮业	6 107	3.9
信息传输、软件和信息技术服务业	6 987	12.8
金融业	1 121	-13.3
房地产业	139 734	3.6
租赁和商务服务业	13 304	14.4
科学研究和技术服务业	5 932	9.4
水利、环境和公共设施管理业	82 105	21.2
居民服务、修理和其他服务业	2 686	2.4
教育	11 084	20.2
卫生和社会工作	7 327	18.1
文化、体育和娱乐业	8 732	12.9
公共管理、社会保障和社会组织	7 931	-2.0

数据来源：国家统计局，西部发展研究院整理，2018 年 9 月。

2.1.3　专项资金投资情况

近些年来中央对“三农”问题的关注度不减，制订了一系列的惠农政策推进农村经济的发展和建设，为最终落实社会主义新农村建设助力。随着各类政策的颁布和实施，农业专项资金投入越来越多，在政府和社会各界大力支持下对提高农业综合生产能力，积极发展现代农业，加强农业基础建设，促进农业稳定发展都起到了积极作用。2017 年发布的中央 1 号文件明确指出改革财政支农机制，一方面，坚持把农业农村作为财政支出的优先保障领域，确保农业农村投入适度增加，着力优化投入结构，创新使用方式，提升支农效能。固定资产投资继续向农业农村倾斜。发挥规划统筹引领作用，多层次多形式推进涉农资金整合；另一方面，拓宽农业农村基础设施投融资渠道，支持社会资本以特许经营、参股控股等方式参与农林水利、农垦等项目建设运营。具体支出内容为：

农业部支农项目包括国家级现代农业示范区项目、农业可持续发展示范区项目、现代农业产业园项目、全国一二三产融合发展示范县及示范点、农业综合开发农业部专项（良种繁育、优势特色种养项目）、循环农业示范工程项目补助等。2017年农业部门决算中，农林水支出（类）决算共2 691 094.34万元，占本年总支出的61.19%，占财政拨款收入中的63.20%。其中包括：农业（款）2 160 726.24万元，林业（款）1 171.91万元，水利（款）25 975.12万元，扶贫（款）14 422.09万元，农业综合开发（款）195 957.82万元，农村综合改革（款）41 401.39万元，其他农林水支出（款）143 488.45万元。与2015年相较，上述支出项目稳中有升，农林水支出（类）增加近174 000.80万元，同比增长6.91%。

国家发展和改革委员会支农项目包括全国产业融合发展示范县及示范点项目、生猪调出大县奖励资金项目、生猪标准化养殖场（小区）建设项目、奶牛标准化养殖小区（场）建设项目、经贸领域中央投资项目、现代农业示范项目等。

科技部将以科技创新支撑引领农业供给侧结构性改革为主线，实施四大工程——种业自主创新重大工程、第二粮仓科技创新工程、蓝色粮仓科技创新工程、科技扶贫“百千万”工程（建设100个星创天地等创新平台、建立1 000个帮扶对子、实现10 000个贫困村科技特派员全覆盖），做强五大载体：一是创建5个左右国家级农业高新技术产业开发区，二是新建10个左右国家农业科技园区，三是建立10个左右国家现代农业产业科技创新中心，四是打造300个星创天地，五是建设30个创新型县（市）。项目包括农业科技成果转化资金项目、星火计划项目、中小企业技术创新基金现代农业领域项目。

工信部包括中小企业发展专项资金项目。

2.2 中国涉农产业基金情况

如图2–2所示，2017年我国共成立了30支涉农产业基金，与上年涉农产业基金数量相较略有下降。30支涉农基金情况请详见附录3。

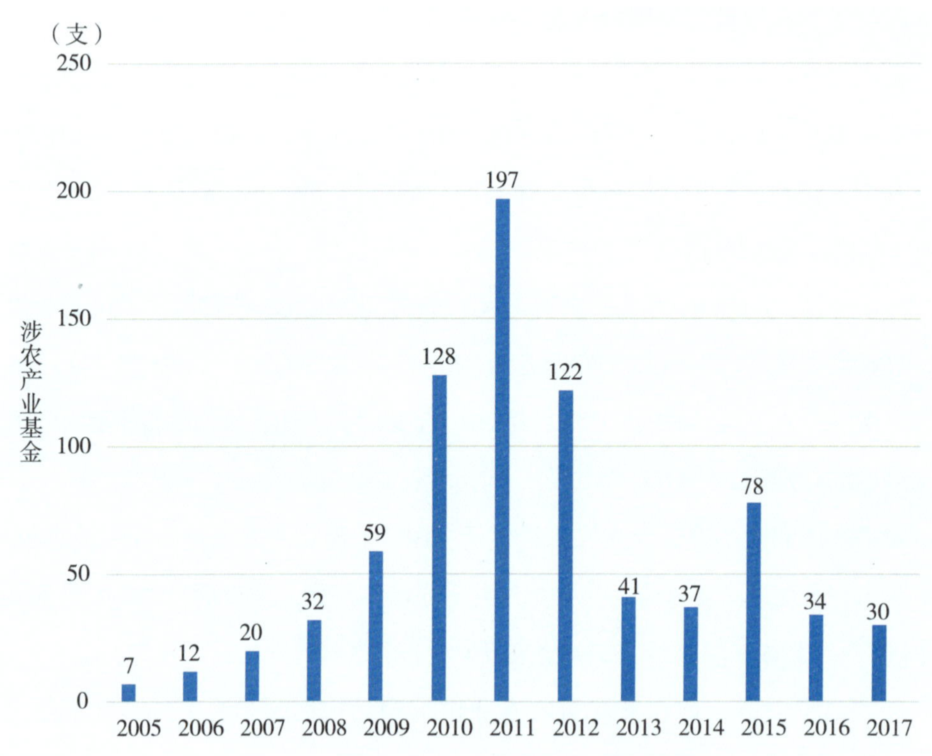

图 2-2 2005~2017 年中国涉农产业基金情况图

数据来源：私募通，西部发展研究院整理，2018 年 9 月。

在基金的设立地区方面，2017 年浙江设立的涉农产业基金数量最多，为 9 支，占 2017 年涉农产业基金的 30.00%，超越 2016 年涉农产业基金数量最多的上海，位列第一。其次为江西，设立 3 支涉农产业基金，占比 10%，位列第二，陕西、湖南、广东、北京均设立 2 支涉农产业基金，占比 6.67%，并列第三。

长时期以来，上海、广东、北京三个地区依靠其优越的地理优势，涉农基金设立数量占有绝对优势，占据中国涉农基金数量最多的前三个地区，但是从 2017 年涉农产业基金数量在所设立地区分布来看，这三个地区在涉农产业基金设立上绝对优势减弱，涉农产业基金在农业大省之间分布较为均匀，如图 2-3 所示。

如图 2-4 所示，在基金类型上，2017 年涉农基金投资中成长基金 17 支，占比 56.67%，其余为 9 支创业基金、2 只 FOF 基金、2 支证券投资资金。与 2016 年同期相比，成长基金、证券投资基金数量及占比都有所下降，创业基金所占比重有所增加，占比 30%。在基金类型上依旧保持着以成长基金为主的涉农基金投资类型分布。

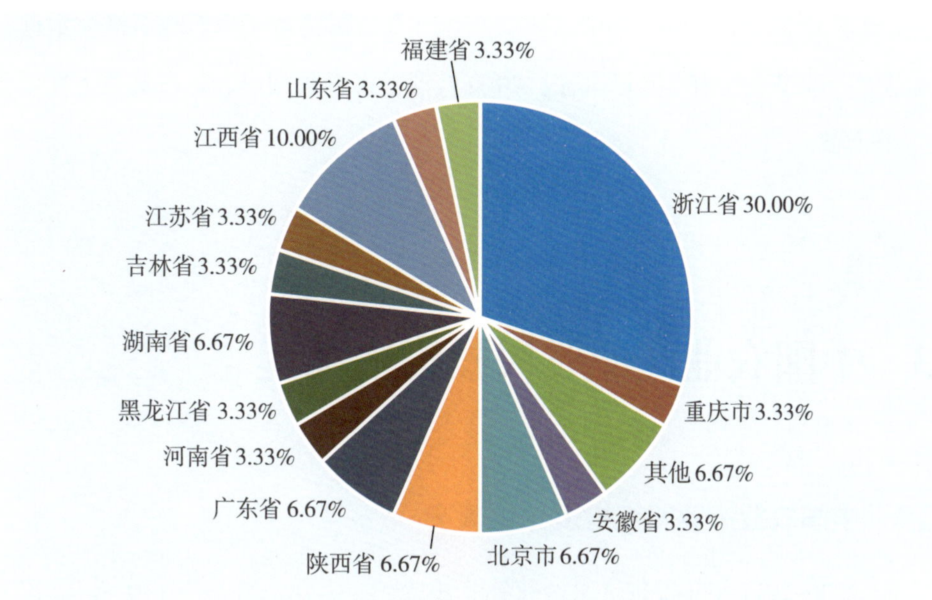

图 2-3 2017 年中国涉农基金区域分布图

数据来源：私募通，西部发展研究院整理，2018 年 9 月。

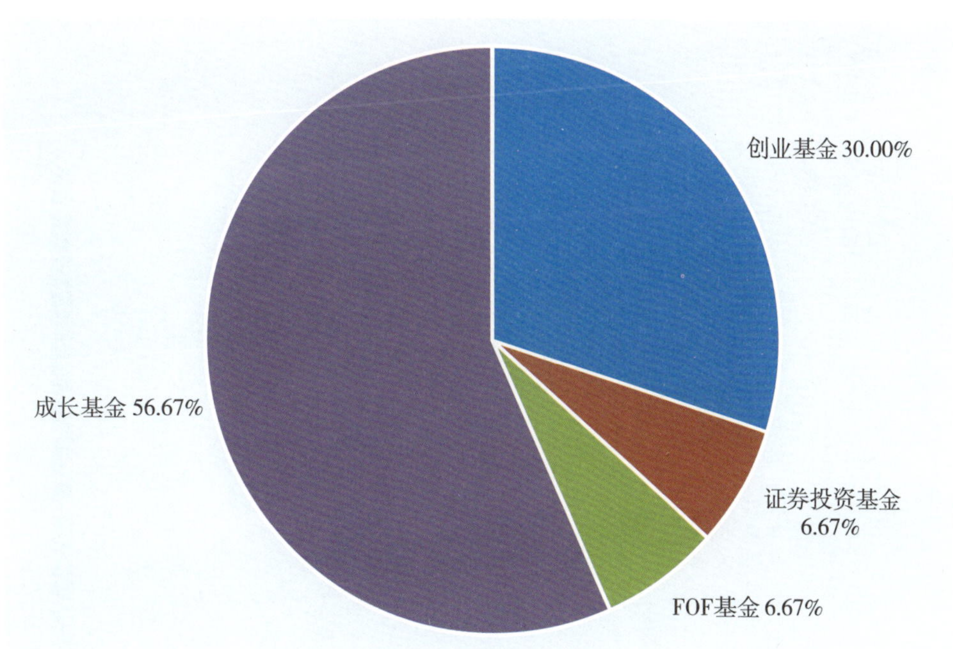

图 2-4 2017 年中国涉农产业基金类型图

数据来源：私募通，西部发展研究院整理，2018 年 9 月。

在资本类型方面，2017 年中国涉农产业基金全部为本土型。截至拷取数据前，30 支涉农产业基金已有 2 支已募完；20 支首期已经募集完成，正在募集下期基金；6 支正在募集。

2.3 中国农业产业股权投资情况

2.3.1 中国农业产业股权投资总体情况

（1）2006~2017 年年度投资案例数量

如图 2-5 所示，中国农业领域已披露的投资案例数量整体呈现出逐年增长趋势，2006~2016 年农业投资案例从 2 起增长到 227 起，累积达到 904 起。从 2010 年开始，

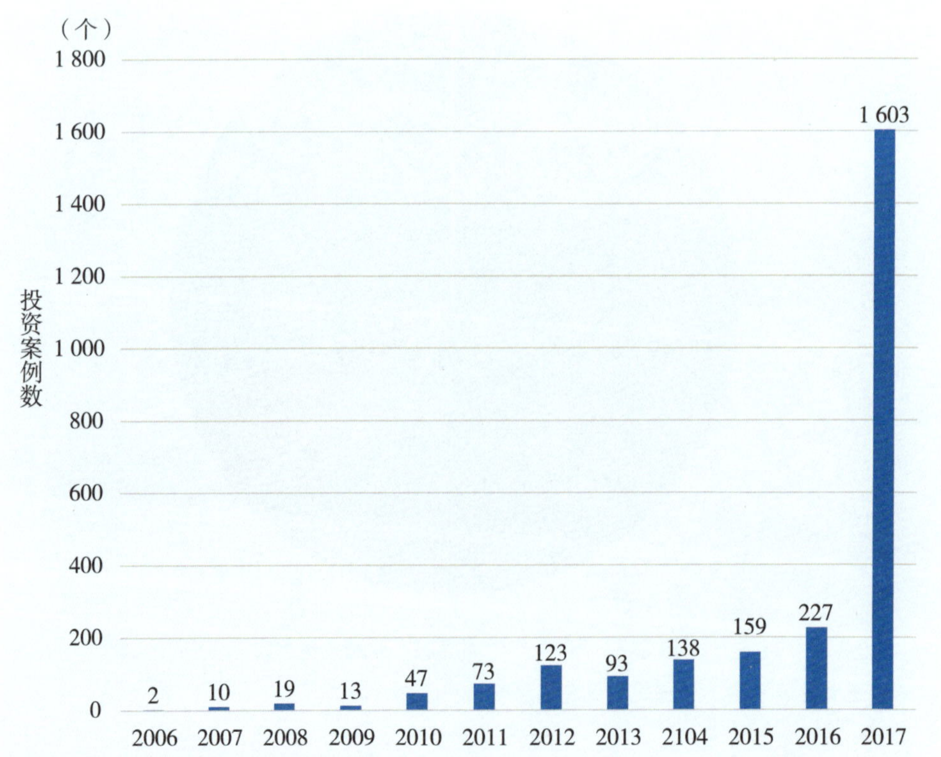

图 2-5　2006~2017 年中国农业领域投资情况示意图（按投资案例数）

数据来源：私募通，西部发展研究院整理，2018 年 9 月。

农业领域投资案例数增长较快，增长幅度较为稳定。值得注意的是，2017 年投资案例数量为 1 603 起，是 2016 年投资案例数的 7 倍多，增长幅度巨大，这是因为，一方面 2017 年农业领域投资氛围较热，另一方面也是 2017 年统计时加入个人投资者的投资事件，大量金额较小的投资流入农业领域，使得 2017 年农业领域投资案例数量大幅增加。

（2）2006~2017 年年度投资案例金额

2006~2017 年农业投资案例累积达到 2 507 起，已经披露的农业投资金额约 169.84 亿美元。如图 2-6 所示，其中 2009~2014 年农业领域投资金额逐年平稳增长，但由于 2014 年底农产品市场风险波动及国内经济低迷的影响，2015 年农业领域投资金额较往年大幅下降，减幅高达 125.83%，之后 2016 年以及 2017 年在此基础上农业投资案例增长十分显著，均比上年增长超过 50%。就 2017 年来看，全年农业领域投资案例共 1 603 起，投资案例金额总计约 42.89 亿美元，比上年增长 61.24%，达到了 10 年来投资案例金额的历史最高点。

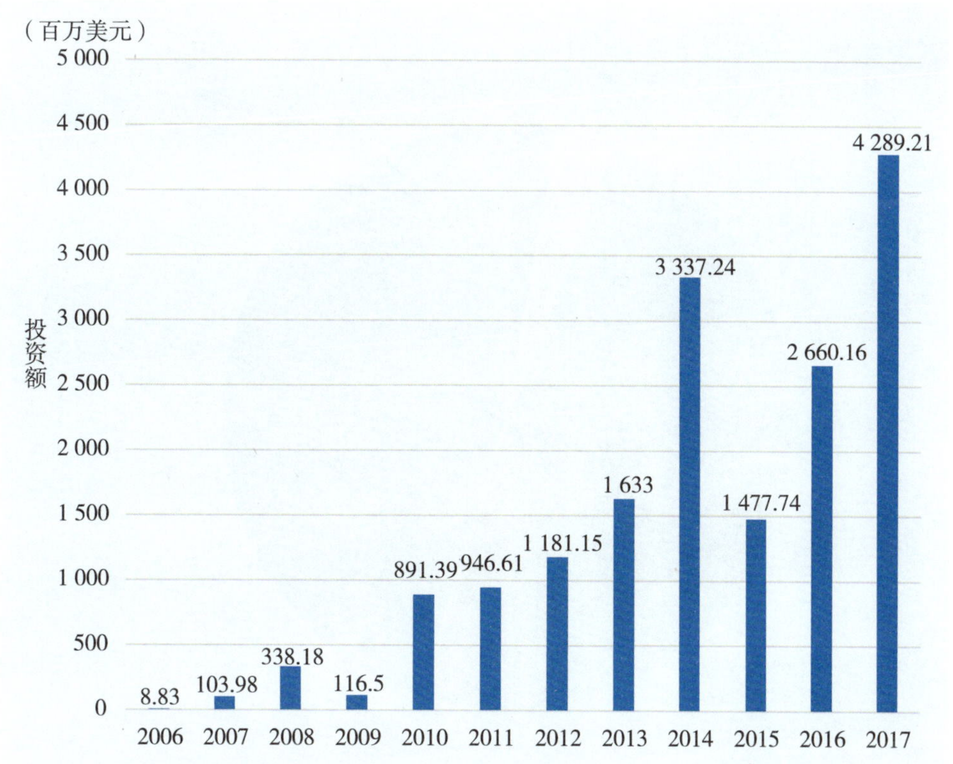

图 2-6　2006~2017 年中国农业领域投资情况示意图（按案例金额）

数据来源：私募通，西部发展研究院整理，2018 年 9 月。

（3）2017 年投资总量变化趋势

近些年，农业领域投资案例数量整体来看逐年增加，2015 年为 159 起，2016 年为 227 起，2017 年农业领域投资案例数量快速增长到 1 603 起，超过过去十年农业投资案例数量总和，而且 2017 年已经披露的农业投资金额约为 42.89 亿美元，创出农业投资金额数的新高。

2.3.2 中国农业产业投资二级行业分布

（1）二级行业投资案例数量分布

如图 2–7 及表 2–2 所示，从 2006~2017 年总计 2 507 起农业投资案例行业分布来看，农产品及食品加工是农业领域投资案例数量最多的二级行业，投资案例数 1 131 起，占比为 45.11%，这些年随着最新农业投资案例数量的加入农产品及食品加工所占比重呈现出逐渐扩大的趋势。其次是农业（种植业），发生投资案例 562 起，占比 22.42%；第三是畜牧业，发生投资案例 449 起，占比 17.91%；农产品及食品

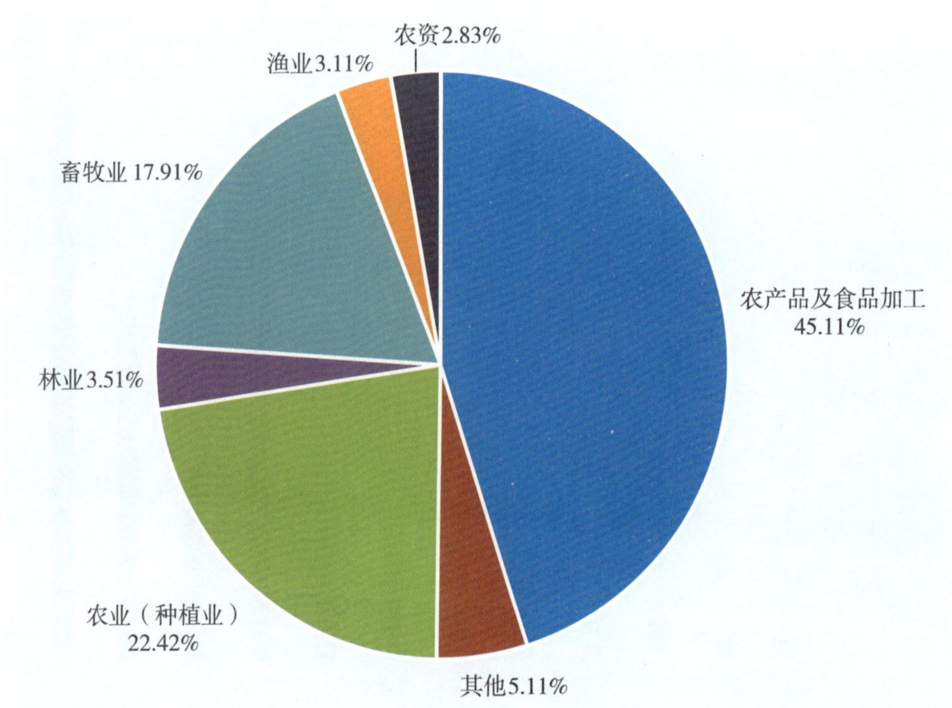

图 2–7　2006~2017 年中国农业领域投资二级行业分布图（按投资案例数）

数据来源：私募通，西部发展研究院整理，2018 年 9 月。

加工、农业（种植业）以及畜牧业作为农业领域投资案例数量前三的二级行业，占全部农业投资案例数约85.44%，是所有农业领域投资案例的主要构成部分。其余部分则分布于其他、林业、渔业、农资，投资案例数较少，分别有128起、88起、78起、71起，占比分别为5.11%、3.51%、3.11%、2.83%。

表2-2　2006~2017年中国农业领域投资二级行业分布表(按投资案例数)

行业	农业(种植业)	林业	畜牧业	渔业	农资	农产品及食品加工	其他
投资案例数(起)	562	88	449	78	71	1 131	128

数据来源：私募通，西部发展研究院整理，2018年9月。

（2）二级行业投资金额分布

如图2-8及表2-3所示，根据2006~2017年农业二级行业的投资统计，农产品及食品加工领域投资金额居首位，总金额为64.26亿美元，占农业总投资的37.19%。其次为畜牧业领域投资，总金额为37.30亿美元，占总投资的21.59%。第三为农

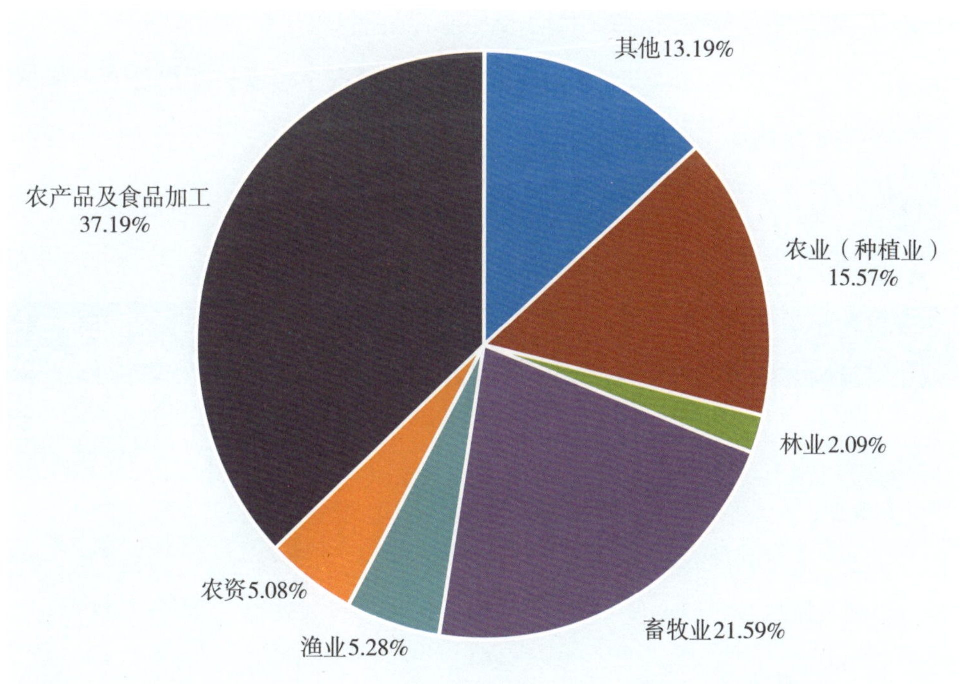

图2-8　2006~2017年中国农业领域投资二级行业分布图(按投资金额)

数据来源：私募通，西部发展研究院整理，2018年9月。

业（种植业）领域投资，总金额为26.89亿美元，占总投资的15.57%。渔业、农资、林业以及其他行业投资金额较少。

表2-3　　2006~2017年中国农业领域投资二级行业表(按投资金额)

行业	农业（种植业）	林业	畜牧业	渔业	农资	农产品及食品加工	其他
投资金额（百万美元）	2 689.52	360.61	3 730.22	912.94	878.28	6 425.93	2 278.95

数据来源：私募通，西部发展研究院整理，2018年9月。

（3）2017年二级行业投资变化趋势

如表2-4所示，2017年的农业投资案例中，投资案例数总计1 603起，按行业分布来看，农产品及食品加工披露的案例数最多，有899起，占2017年全部农业领域投资案例数的56.08%。农业（种植业）以351起案例数位列第二，与农产品及食品加工一起占据了全部投资案例数八成以上，构成2017年投资案例数的绝大部分。畜牧业的投资热度也较高，有276起投资案例。相比较而言，林业和渔业则稍少。其中，有投资金额披露的案例为1 583起，披露投资金额共计42.89亿美元，平均单笔投资金额为27.1万美元。同2016年相比，投资金额增长近61.24%，但单笔投资额降低近78.09%，呈现出农业领域投资热情进一步扩大，中小投资额的投资者居多的特点。

表2-4　　2017年中国农业领域投资二级行业分布表

二级行业	案例数（总）	投资金额（百万美元）	案例数（有资金披露）	平均投资额（百万美元）
农业（种植业）	351	393.7	351	1.12
林业	26	57.83	26	2.22
畜牧业	276	1 007.08	273	3.69
渔业	39	93.17	39	2.39
农产品及食品加工	899	2 683.43	882	3.04
其他	12	54.00	12	4.50
总计	1 603	4 289.21	1 583	2.71

数据来源：私募通，西部发展研究院整理，2018年9月。

2017 年农产品及食品加工领域依旧投资热度最高，共有 899 起投资案例，882 起披露投资金额，投资总金额为 26.83 亿美元，平均单笔投资额为 304 万美元。2017 年仅仅农产品及食品加工领域的投资金额就已超过 2016 年所有行业的投资金额，投资金额增长显著。2016 年渔业有 6 起投资案例，5 起披露投资金额，平均单笔投资金额为 2 752 万美元。农业（种植业）共有 351 起投资案例，351 起披露投资金额，投资总金额为 3.94 亿美元，平均单笔投资额为 112 万美元，较 2016 年农业（种植业）投资金额减少了 61.96%，平均单笔投资额也大幅下降。畜牧业有 276 起投资案例，273 起披露投资金额，投资总金额为 10.07 亿美元，平均单笔投资金额为 369 万美元，较 2016 年畜牧业投资总金额数量增长明显。2017 年渔业和林业投资案例数分别为 39 起和 27 起，数量较少。

2.3.3 中国农业产业投资地域分布

（1）不同地域投资案例数量分布

如表 2–5 所示，2017 年农业产业投资案例的数量分布前十位投资案例数量较高的地域发生的案例数占比超过全部投资案例数的七成，和 2016 年所占比重相当。其中浙江是 2017 年农业产业投资案例数量最多的地域，占比 21.52%，由 2016 年的第二位升至第一位，其所占比重也有所增加，集中度较高。紧随其后的是四川、辽宁、福建、北京，其中四川、辽宁、福建 2016 年农业产业投资案例的数量偏少，但是 2017 年跃居第二至第四，近些年农业产业投资案例的数量较高的北京位列第五。这是因为依托农业供给侧结构性改革，四川、辽宁、福建在建设农业产业方面全面发力，农村三次产业融合发展全面提速，成为 2017 年农业产业投资领域的新兴力量。除传统农业大省以及具有优势区位条件的地区，宁夏、云南首次进入前十位投资案例数量较高的地区。

表 2–5　2017 年中国农业领域前十位投资地域(按投资案例数)

投资地域	浙江	四川	辽宁	福建	北京	河南	宁夏	云南	广东	湖北	其他
投资案例数(起)	345	128	127	109	94	93	75	61	60	59	452

数据来源：私募通，西部发展研究院整理，2018 年 9 月。

（2）不同地域投资金额分布

2017 年农业产业投资金额从省域分布上来看（如表 2–6 所示），广东虽然位列全国投资案例发生数第九位，但是广东农业投资金额最高，其依托自身的区位优势以及新型农业发展战略，使得其在农业的科技含量、现代化程度等方面独具优势，吸引到更多的投资。河南、四川作为传统的农业大省具有较好的产业规模效应，内、外部发展环境相对完善，在投资案例数量以及投资金额方面都在全国范围内优势显著。黑龙江、内蒙古、海南也极具成长性。

表2–6　　2017年中国农业领域前十位投资地域(按投资金额)

投资地域	广东	河南	四川	浙江	江西	湖南	黑龙江	上海	内蒙古	海南	其他
投资金额（百万美元）	707.92	570.09	550.39	454.45	243.16	212.10	190.47	188.29	173.75	127.88	870.71

数据来源：私募通，西部发展研究院整理，2018 年 9 月。

（3）2017 年投资地域变化趋势

根据 2017 年中国农业产业投资省域分布来分析，参与农业领域投资省份数量较 2016 年略有增加。在全部的 1 603 起投资案例中，2016 年投资热度较大的浙江 2017 年投资案例数量以及投资金额数继续快速增长，案例数位列全国第一，投资金额数位列全国第五。2017 年四川超越以往投资热度较大的河南、广东、北京等地位列全国投资案例数第二，实现快速增长。这与四川加快发展现代农业，推进农业大省向农业强省跨越，做好农业供给侧结构性改革密不可分。四川向农业农村地区汇聚了大量金融和社会资本。其中 2017 年北京、广东农业投资水平较 2016 年有所下降，相反浙江、四川、辽宁、福建相较于 2016 年投资案例数以及投资金额数都有着大幅度的上涨（如表 2–7 所示）。

表2–7　　2017年中国农业领域投资地域分布表

投资地域	案例数（总）	投资金额（百万美元）	案例数（有资金披露）	平均投资额（百万美元）
浙江	345	454.45	345	1.32
四川	128	550.39	127	4.33
辽宁	127	93.91	127	0.74
福建	109	56.14	109	0.52
北京	94	39.27	88	0.45
河南	93	570.09	92	6.20

续表

投资地域	案例数（总）	投资金额（百万美元）	案例数（有资金披露）	平均投资额（百万美元）
宁夏	75	47.86	74	0.65
云南	61	92.59	61	1.52
广东	60	707.92	59	12.00
湖北	59	81.46	59	1.38
江苏	56	30.28	56	0.54
黑龙江	56	190.47	56	3.40
上海	56	188.29	52	3.62
山东	36	117.8	36	3.27
吉林	34	27.14	34	0.80
甘肃	33	62.11	33	1.88
广西	33	106.91	30	3.56
贵州	28	1.09	28	0.04
内蒙古	27	173.75	27	6.44
陕西	24	18.65	23	0.81
湖南	23	212.1	23	9.22
河北	15	62.51	15	4.17
江西	8	243.16	8	30.40
安徽	7	11.01	7	1.57
山西	4	0.99	4	0.25
重庆	3	4.94	3	1.65
海南	2	127.88	2	63.94
新疆	1	1.47	1	1.47
天津	1	0	0	0.00
西藏	1	0	0	0.00
未披露	4	14.58	4	3.65

数据来源：私募通，西部发展研究院整理，2018 年 9 月。

2.3.4 2017 年投资阶段变化趋势

如表 2-8 所示，2014 年以前农业投资阶段以扩张期为主，自 2015 年投资阶段转变为以成熟期为主，至今保持着成熟期为主的投资阶段趋势，并逐步扩大了成熟期投资案例在所有投资案例的比重，所占比重由 2016 年的 61.23% 扩大到 73.55%。其中种子期投资案例数有 9 起案例，7 起披露投资金额，平均单笔投资额为 136 万美元，平均单笔投资额较上年有所下降；初创期有 37 起投资案例，有 32 起披露投资金额，平均单笔投资为 331 万美元，是农业投资分阶段对比中平均值最高的阶段。扩张期投资有 378 起案例，有 370 起披露投资金额共计投资金额为 34.51 亿美元，平均单笔投资为 93 万美元。由于 2017 年农业投资案例数增长十分显著，但是扩张期投资案例金额却与上年水平相当，使得平均单笔投资金额下降明显。成熟期投资案例数有 1 179 起案例，有 1 174 起披露投资金额，平均单笔投资额为 326 万美元，单笔平均投资额度仅低于初创期，说明成熟期阶段的投资不仅仅在投资案例数量上占据主体，而且其投资金额数量也较大，是农业投资的主要投资阶段。

表 2-8　2017 年中国农业领域投资阶段分布情况

投资阶段	案例数（总）	投资金额（百万美元）	案例数（有资金披露）	平均投资额（百万美元）
种子期	9	9.5	7	1.36
初创期	37	106.02	32	3.31
扩张期	378	345.17	370	0.93
成熟期	1 179	3 828.52	1 174	3.26
总计	1 603	4 289.21	1 583	2.71

数据来源：私募通，西部发展研究院整理，2018 年 9 月。

2.4 中国农业产业非股权投资现状

2.4.1 中国财政支农的情况及特征

财政支农的基本含义就是利用国家财政收入对有关涉农问题进行资金的扶持，是促进农村现代化发展、加快农业现代化生产、提高农民收入的最坚强的后盾。财政支农的方式多种多样，具体来说财政支农的方式有涉农惠农补贴，对农村基础设施建设的财政补助，对农村教育、文化、卫生、计划生育、环保、农业科技事业的财政补助，等等。

党中央连续 14 年发布的中央 1 号文件，都把“三农”问题作为重要内容加以凸显，2017 年的中央 1 号文件更是为了深入推进农业供给侧结构性改革，加快培育农业农村发展新动能而制定。

财政支农有利于促进“三农”问题的解决，对于全面实现中华民族伟大复兴的中国梦具有重要意义，因而有必要分析考察近年来财政支农的具体情况，从而制定更合理的政策。从表 2–9、图 2–9 和图 2–10 中，可以发现财政支农具有以下特点：

表 2–9　　2007~2017 年财政支农统计表

年份	财政总支出（万亿元）	农业支出（万亿元）	农业支出占总支出比重（%）	支援农村生产和各项农业事业费（亿元）	四项补贴（亿元）	农村社会事业发展支出（亿元）	农产品储备费用和利息等支出（亿元）
2007	4.99	0.43	8.7	1 801.7	513.6	1 415.8	587.2
2008	6.26	0.6	9.5	2 260.1	1 030.4	2 072.8	592.2
2009	7.63	0.73	9.5	2 679.2	1 274.5	2 723.2	576.2
2010	8.99	0.86	9.5	3 427.3	1 225.9	3 350.3	576.2
2011	10.92	1.05	9.6	4 089.7	1 406	4 381.5	620.5
2012	12.6	1.24	9.8	4 785.1	1 643	5 339.1	620.5
2013	14.02	1.33	9.5	—	—	—	—
2014	15.17	1.4	9.2	—	—	—	—
2015	17.59	1.74	9.9	—	—	—	—
2016	18.78	1.84	9.8	—	—	—	—
2017	20.33	1.91	9.4	—	—	—	—

数据来源：《中国统计年鉴 2018》、中国财政部官网，西部发展研究院整理，2018 年 9 月。

注：四项补贴由粮食、农资、良种、农具构成；由于财政支农数据口径发生变化，1997~2002 年的财政支农主要包括支援农村生产支出，农业综合开发支出和农林水利气象等部门的事业费支出三者之和；2003~2006 年的财政支出为农业支出、林业支出和农林水利气象等部门的事业费支出三者之和；2007~2017 年的财政支农为农林水事务支出。

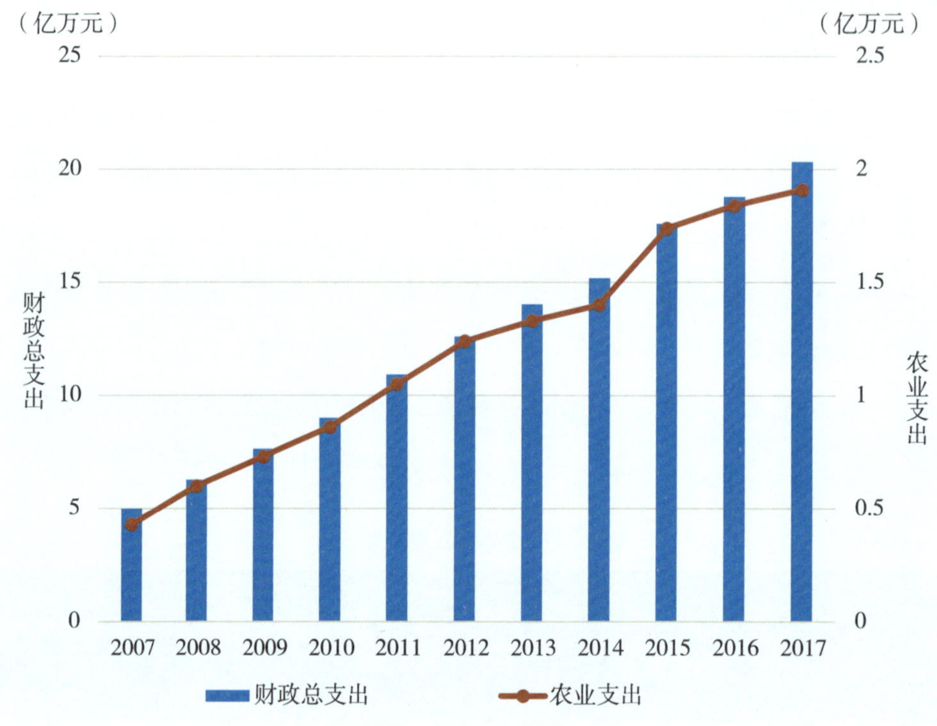

图 2-9　2007~2017 年我国财政支农情况示意图

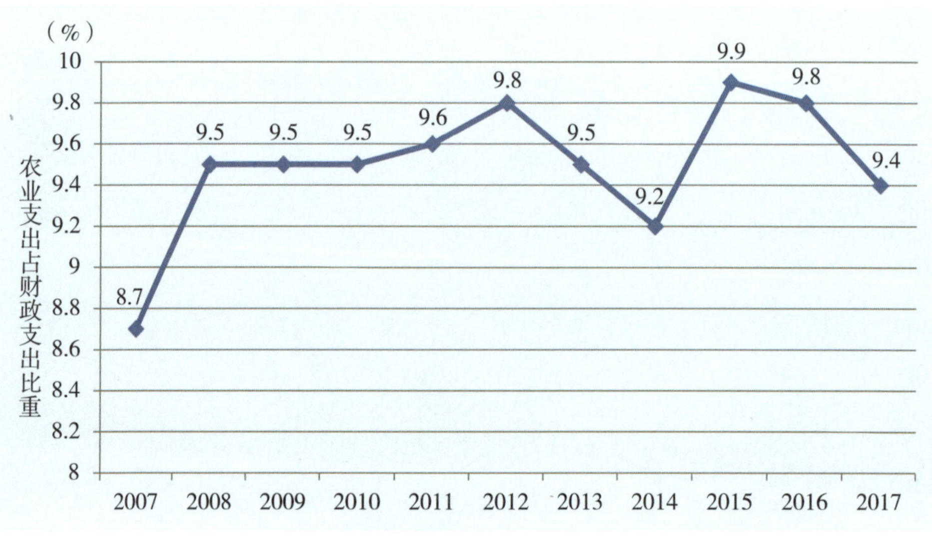

图 2-10　2007~2017 年我国农业支出占财政总支出比重示意图

（1）财政支农的总额每年都在增加，国家对农业的支持力度越来越大

在 11 年间累计财政支农金额达到了 13.13 万亿元，其中在 2017 年支农总额达到了 1.91 万亿元，为历年支农金额最高额，相比于 2016 年同比增长 3.8%。在

2007~2012 年，农业支出占总支出比重由 8.7% 持续平稳地上升到 9.8%，2012~2014 年，农业支出比重出现小幅下滑的情况，2015 年达到了 9.9%，为历年占比最高，2015~2017 年呈现缓慢下降的趋势，由 9.9% 下降到了 9.4%。

（2）财政支农更加注重发展农村的公益事业，扩大公共财政覆盖农村的范围

支持繁荣发展农村文化，大力办好农村教育事业，促进农村医疗卫生事业发展，健全农村社会保障体系，加强农村环境建设，实施农村保障性安居工程，加强农村防灾减灾能力建设，促进农民工就业，让农民不仅物质上得到满足，在精神文化需求上也得到满足，两手都要抓，两手都要硬，实现农村地区的共同富足。

（3）财政支农政策不断完善，从经济整体发展的战略高度上制定支农政策

2017 年中央 1 号文件指出，优化产品产业结构，着力推进农业提质增效，统筹调整粮经饲种植结构，发展规模高效养殖业，做大做强优势特色产业，进一步优化农业区域布局，全面提升农产品质量和食品安全水平，积极发展适度规模经营和建设现代农业产业园；推行绿色生产方式，增强农业可持续发展能力，推进农业清洁生产和大规模实施农业节水工程，集中治理农业环境突出问题和加强重大生态工程建设；壮大新产业新业态，拓展农业产业链价值链，大力发展乡村休闲旅游产业和推进农村电商发展，加快发展现代食品产业和培育宜居宜业特色村镇；强化科技创新驱动，引领现代农业加快发展，补齐农业农村短板，夯实农村共享发展基础，加大农村改革力度，激活农业农村内生发展动力。

2.4.2 中国涉农信贷情况

（1）中国历年涉农信贷发放情况

2017 年发布的中央 1 号文件中，对财政资金使用方式进行创新，让使用方式更加具有灵活性和多样性，促使政府和社会资本进行更多的合作，实行以奖代补和贴息，支持建立担保机制，鼓励地方建立风险补偿基金，撬动金融和社会资本更多投向农业农村。建立健全全国农业信贷担保体系，推进省级信贷担保机构向市县延伸，支持有条件的市县尽快建立担保机构，实现实质性运营。拓宽农业农村基础设施投融资渠道，支持社会资本以特许经营、参股控股等方式参与农林水利、农垦等项目建设运营。鼓励地方政府和社会资本设立各类农业农村发展投资基金。加大地

方政府债券支持农村基础设施建设力度。提出要让农业补贴制度更加完善，更为深入有效地对“三项补贴”制度进行改革，提高补贴的精准性和有效性，加大对绿色生态、适度规模经营、农民收入的补贴。

截至 2017 年，我国在涉农信贷方面的金额不断增加。根据《中国人民银行年报》，2017 年全国全年涉农信贷达到了 30.95 万亿元，同比增长 9.64%。其中，农户贷款余额 8.11 万亿元，比年初增长 1.04 万亿元，同比增长达到 14.41%；农村企业及各类组织贷款余额 17.03 万亿元，比年初增长 1.51 万亿元，同比增长 6.97%；城市涉农贷款余额 5.81 万亿元，比年初增长 0.54 万亿元，同比增长 11.30%。

①近些年我国涉农贷款的状况。近十几年来我国的涉农贷款额不断地增长。2005 年的农村贷款余额仅为 2.2 万亿元。而到了 2017 年则达到了 30.95 万亿元（见表 2-10），是 2005 年的 14.1 倍；与 2016 年相比，同比增长 9.64%，占各项贷款的 24.84%，实现持续增长；发放扶贫小额信贷余额 2 496.96 亿元，支持建档立卡户 607.44 万户，同比分别增长 50.57% 和 51.08%；银行业金融机构乡镇覆盖率为 95.99%，行政村基础金融服务覆盖率为 96.44%。银监会要求银行业金融机构把普惠金融重点放在乡村，以实施乡村振兴战略为“三农”金融服务工作总抓手，更好满足乡村振兴多样化金融需求。提出在涉农贷款余额持续增长的基础上，力争普惠型农户经营性贷款和普惠型涉农小微企业贷款增速总体不低于各项贷款平均增速，扶贫小额信贷和精准产业扶贫贷款增速总体高于各项贷款平均增速。

表 2-10　2005~2017 年涉农贷款统计量

年份	本外币农村贷款余款（万亿元）	农户贷款余额（亿元）	农业贷款余额（万元）
2005	2.2	0.8	1
2006	4.5	0.95	1.26
2007	6.12	1.23	1.44
2008	6.57	1.89	1.63
2009	7.55	2.18	1.81
2010	9.74	2.82	2.19
2011	12.15	3.1	2.44
2012	14.54	3.62	2.73

续表

年份	本外币农村贷款余款（万亿元）	农户贷款余额（亿元）	农业贷款余额（万元）
2013	17.29	4.5	3.04
2014	19.44	5.36	3.4
2015	26.4	—	—
2016	28.2	—	—
2017	30.95	—	—

数据来源：中国人民银行，西部发展研究院整理，2018 年 9 月。

② 2017 年涉农信贷的政策部署。2017 年 3 月份中国银监会发布了关于做好 2017 年“三农”信贷金融服务工作的通知，为了更好地贯彻落实中央 1 号文件的会议精神，中国银监会对涉农信贷金融服务做出了如下的战略部署：

一是银行业金融机构要努力践行新的发展理念。紧紧围绕推进农业供给侧结构性改革主线确定金融服务重点，按照“稳中求进”的总基调统筹各项金融服务工作布局，“稳”就是要努力保持总量增长、服务定位、政策制度、体制机制稳定，“进”就是力求在信贷结构调整、扶持新主体新业态、产品服务创新、金融风险防控等方面取得新进展。通过制定发展战略目标，完善体制机制建设，创新服务方式与产品等政策措施，抓住农村各项改革机遇，顺应农业结构调整和绿色发展方向，瞄准新产业、新业态、新主体，推动金融资源继续向“三农”倾斜，持续扩大农村基础金融服务和扶贫小额信贷覆盖面，在有效防控风险前提下，确保全年“三农”贷款投放稳定增长，提升“三农”金融服务质效。

二是建立健全开发性、政策性信贷投入机制。国家开发银行要结合开发性金融机构定位，创新信贷投放方式；农业发展银行要完善风险补偿机制和资本金补充制度，加大对粮食多元市场主体的信贷支持力度；进出口银行要发挥促进农产品出口和农业国际合作的作用，深入探索商业银行事业部专营机制；农业银行要夯实“三农”金融事业部各项机制，以增强县支行经营功能为落脚点，进一步放权提效；邮储银行要完善“三农”金融事业部运作机制，打造专业化为农服务体系；其他有条件的大型商业银行、股份制银行、城商行要逐步探索建立“三农”金融服务事业部或专营机构，在防控风险前提下，合理赋予县域分支机构业务审批权限，提高县域信贷业务办理效率，切实承担和理清“三农”金融服务责任。

三是创新贷款产品。银行业金融机构要继续把小额信用贷款作为扶持个体农民、贫困农户、低收入创业群体的特惠手段，不断丰富针对不同人群的小额贷款产品。利用参与适度规模经营成员和上下游主体的利益联结，依据不同组合的增信方式，创新发展针对各类农业经营主体的贷款品种。深化银行与保险合作，结合农业经营主体和农产品的保险情况提高农村借款人授信评级，开发设计以贷款保证保险为风险缓释手段的小额贷款产品。探索以仓单等作为风险缓释手段的贷款融资方式，开展适合新型农业经营主体的订单融资和应收账款融资业务。在具备条件地区开展包括大型农机具在内的农业生产设备、设施抵押贷款业务。

四是创新担保手段。银行业金融机构要抓住以土地改革为主线的农村改革机遇，积极利用使用权、经营权、财产权的抵押担保效能开展抵押担保手段创新。逐步推行农民住房财产权抵押贷款业务，进一步提高农户贷款可获得性。在有条件地区稳妥推进农村承包土地经营权抵押贷款试点，带动银行信贷资金投入。在试点区域内，积极推进集体经营性建设用地使用权抵押贷款试点。按照农村集体产权制度改革的安排，探索利用量化的农村集体资产股权的融资方式。银行业金融机构应抓住全国农业信贷担保体系建立的契机，尽快与省、市、县各级信贷担保机构全方位对接，充分发挥政策性农业信贷担保机构作用，在有效分散风险的基础上加大信贷投入。

五是各级监管部门要顺应农业供给侧结构性改革趋势和各地“三农”金融服务实际，不断完善涉农金融监管制度，改进监管手段和方法。一是完善“三农”金融服务监管机制，积极构建支农服务目标、方法和责任监管体系，形成支农服务功能监管评价与银行业金融机构监管评级、市场准入的对接机制。二是督促银行业金融机构不断完善支农金融服务机制，细化各类新型农业经营主体和产业专项统计制度，建立系统性的考核激励约束办法。

六是多方合力优化“三农”金融服务环境。各级监管部门和银行业金融机构要把防范“三农”领域信贷风险放在与促进农业改革发展同等重要的位置上，在保持涉农领域信贷总量稳定的前提下，控制对低质低效、产存过量、无法转型、资源消耗领域的新增信贷投放，对于新产业、新业态、新主体，既要支持发展壮大，也要注意防止一哄而起、重复建设。注意防范农村房地产、农民住房按揭贷款风险。加强涉农全面风险管理，坚守有效识别、防范和化解风险的基础防线。

（2）中国涉农信贷的贷款发放情况

为了响应党中央对扶贫、就业的总体部署，中国人民银行研究提出了继续完善宏观审慎政策框架，做好宏观审慎评估（MPA）工作，充分发挥窗口指导和信贷政策的结构引导作用，加大对国民经济重点领域和薄弱环节的支持力度，大力推进深度贫困地区金融精准扶贫工作，多措并举缓解小微企业融资难融资贵。打好防范化解重大金融风险攻坚战，把握好结构性去杠杆的力度和节奏，守住不发生系统性金融风险的底线。同时对于涉农信贷的渠道进行创新，建立完善农村土地产权交易平台，建立健全农村信用体系，农户可以土地、宅基地作为抵押实现贷款，扩大经营规模，做大做强产业，实现农村地区的健康可持续发展。

2017 年，全国银行业金融机构涉农贷款投放实现持续增长。截至 2017 年 12 月末，全国涉农贷款余额达到30.95万亿元①，比年初增长3.08万亿元，同比增长9.64%。其中，农户贷款余额 8.11 万亿元，比年初增长 1.04 万亿元，同比增长达到 14.41%；农村企业及各类组织贷款余额 17.03 万亿元，比年初增长 1.51 万亿元，同比增长 6.97%；城市涉农贷款余额 5.81 万亿元，比年初增长 0.54 万亿元，同比增长 11.30%。

截至 2017 年年末，我国对扶贫贷款的发放仍保持着良好的发展势头。2017 年末我国对建档立卡贫困人口及已脱贫人口贷款余额达 6 008 亿元，相比 2016 年同期增长 46.2%，2017 年累计发放额为 5 154 亿元；2017 年产业精准扶贫贷款余额达到了 8 971 亿元，相比 2016 年同期增长 48.5%，2017 年贷款累计发放额 5 685 亿元（见表 2-11）。

表 2-11　　2017 年全国金融精准扶贫贷款发放情况

指标名称	2017 年末贷款余额（亿元）	2017 年贷款余额增速（%）	2017 年贷款累计发放额（亿元）
建档立卡贫困人口及已脱贫人口贷款	6 008	46.2	5 154
产业精准扶贫贷款	8 971	48.5	5 685

数据来源：中国人民银行，西部发展研究院整理，2018 年 9 月。

① 中国银监会：《2017年涉农贷款实现持续增长》，http://www.cbrc.gov.cn/chinese/home/docView/BC456B748E0C4F06ADE76A4132951F44.html，2018 年 2 月 2 日。

（3）中国涉农信贷发放银行的情况

农村金融机构应该以服务“三农”为主要的目标，服务于乡村振兴战略，其他银行机构不能袖手旁观，也要主动有所作为。国有大型银行要下沉服务网点，特别是农业银行的“三农”事业部，要真正把“三农”服务好。国有大型银行、股份制商业银行、城市商业银行等，要优化在县域及县域以下的网点布局，资金要主要用于县域建设和乡村振兴发展。政策性银行、国家开发银行也要在这方面有所作为，加大对农村基础设施的信贷支持力度。

2017 年全年银行业对普惠金融的投入力度加大。2017 年年末，银行业金融机构用于小微企业贷款和涉农贷款余额均达到 31 万亿元，同比分别增长 15.1% 和 9.6%。农村金融机构（包括农村商业银行、农村合作银行、农村信用社和新型农村金融机构）资产总额 32.82 万亿元，同比增长 9.78%，增速较上年末下降 6.75 个百分点，在银行业金融机构总资产中占比 13%；总负债 30.40 万亿元，比上年同期增长 9.64%，在银行业金融机构总负债中占比 13.05%。

2017 年年末主要农村金融机构（农村信用社、农村合作银行、农村商业银行）人民币贷款余额 149 820 亿元，比年初增加 15 602 亿元。全部金融机构人民币消费贷款余额 315 194 亿元，增加 64 717 亿元。其中，个人短期消费贷款余额 68 041 亿元，增加 18 724 亿元；个人中长期消费贷款余额 247 154 亿元，增加 45 993 亿元。

（4）2017 年全国涉农贷款类别分布

截至 2017 年年末，全国的固定资产投资完成额达到 631 683.96 亿元，比 2016 年同期增长 7.2%，其中，农、林、牧、渔业的固定资产投资完成额为 24 638.33 亿元，比 2016 年同期增长 9.1%，其中农业的固定资产投资完成额最高，达到了 11 833.31 亿元，增幅最大，比 2016 年同期增长 16.4%（见表 2–12）。

表 2–12　　2017 年各行业固定资产投资(不含农户)情况

指标	按总量分		按比重分	
	自年初累计（亿元）	比上年同期增长（%）	自年初累计（%）	比上年同期增长（%）
固定资产投资完成额	631 683.96	7.2	100	100
农、林、牧、渔业	24 638.33	9.1	3.9	3.8

续表

指标	按总量分		按比重分	
	自年初累计（亿元）	比上年同期增长（%）	自年初累计（%）	比上年同期增长（%）
农业	11 833.31	16.4	1.9	1.7
林业	2 222.30	2.8	0.4	0.4
畜牧业	5 631.56	6.4	0.9	0.9
渔业	1 205.19	12.7	0.2	0.2
农、林、牧、渔服务业	3 745.98	-4.0	0.6	0.7

数据来源：中国人民银行，西部发展研究院整理，2018 年 9 月。

2017 年年末金融机构本外币贷款余额总计为 125.61 万亿元，增加 13.6 万亿元，比 2016 年增长了 12.1%；从贷款类别来看，中长期贷款占总贷款的比重较高，为 59.8%。其中，境内的短期贷款额达到了 41.12 万亿元，比 2016 年增长了 8.2%，境内中长期贷款为 75.09 亿元，比 2016 年增长了 18.2%（见表 2-13）。

表 2-13　　2017 年年末全部金融机构本外币贷款余额结构

指标	年末数（亿元）	比上年末增长（%）
各项贷款	1 256 074	12.1
境内短期贷款	411 153	8.2
境内中长期贷款	750 894	18.2

数据来源：2017 年国民经济与社会发展统计公报，西部发展研究院整理，2018 年 9 月。

（5）2017 年普惠金融助推脱贫攻坚

①大力发展普惠金融，对于打赢脱贫攻坚战，实现两个一百年的奋斗目标具有重大的意义，普惠金融强调了机会的公平，增加了贫困地区获得金融服务的可能性，普惠金融的政策制定，均指向薄弱领域和特殊群体，2015 年国务院发布我国普惠金融领域的第一个国家级战略——《推进普惠金融发展规划（2016—2020 年）》，指出普惠金融的重点服务对象为小微企业、农民、城镇低收入人群、贫困人群和残疾人、老年人等特殊群体。为了更好地实现脱贫攻坚，2017 年中央采取以下的措施来推动普惠金融的发展：

一是完善普惠金融的货币信贷政策。对于信贷指导进行改进和加强，让有关政策落到实处。2017年中国人民银行出台了《关于进一步推进普惠金融发展的通知》，制定了有关普惠金融和精准扶贫的具体发展措施。同时把货币政策工具运用起来，加强普惠金融对精准扶贫的资金支持力度。2017年9月，中国人民银行把对“三农”和小微企业的定向降准政策，推广到了有关脱贫攻坚的普惠金融中去，创新设立扶贫再贷款，合理增加支农、支小再贷款额度，截至2017年年末，全国支农再贷款余额为2 564亿元，支小再贷款余额为929亿元，扶贫再贷款余额为1 616亿元。此外，实施信贷政策的差别化，做好易地扶贫搬迁相关资金筹措和管理服务、金融扶贫信息对接和统计监测，推动金融机构聚焦深度贫困地区。提升农村金融服务，稳妥有序推进农村“两权”抵押贷款试点工作。

二是改进普惠金融的监管政策。银行业监管部门要对商业银行设立普惠金融事业部进行大力鼓励，在2017年内要求商业银行先进行设立事业部，对于商业银行发行的有关小微企业和涉农贷款的金融债券进行政策照顾，提升对小微企业和“三农”贷款的额度，并且在不良贷款率方面进行差异化的考核。保险监管部门要建立健全的法律制度，对创新农产品价格保险产品进行支持。证券监管部门出台了一系列举措满足中小企业融资需求，包括完善中小企业板制度安排，将中小企业股份转让系统试点扩大至全国，进一步扩大中小企业私募债试点范围等。

三是加大对普惠金融发展的财税政策支持力度。财政部印发了《普惠金融发展专项资金管理办法》，由中央财政提供专项资金，支持和引导地方政府、金融机构和社会资本进入普惠金融领域，专项资金主要用于县域金融机构涉农贷款增量奖励、农村金融机构定向费用补贴、创业担保贷款贴息及奖补等。另外，部分地区通过设立风险补偿基金，鼓励金融机构加大对扶贫领域、“三农”和小微企业的贷款投放力度。如江西出台《产业扶贫贷款贴息管理（暂行）办法》，2017年江西到位扶贫贷款风险补偿基金24.7亿元，其中25个贫困县实现全覆盖，当年产业扶贫贷款累计贴息2.8亿元。

四是加大丰富普惠金融产品和服务创新。首先，稳妥推进农村承包土地经营权和农民住房财产抵押贷款试点，有效地盘活了67个贫困地区试点县的农村资金，使得贷款抵押担保范围和融资渠道得以拓宽。其次，就是要鼓励和引导金融机构结合地区产业特点和扶贫项目的融资需求，创新开展农机具抵押、林权抵押、应收账款质押等信贷业务，适度延长贷款期限，为贫困地区特色产业提供优质金融服务。最后，着力做好易地扶贫搬迁金融服务，保证易地扶贫搬迁相关资金按要求筹措落实。

五是完善金融基础设施建设。农村支付清算的网络覆盖范围逐步扩大，网络支付、手机支付等新型支付方式不断推广，银行卡助农取款和农民工银行卡特色服务进一步深化。截至 2017 年年末，我国农村地区银行网点数量 12.6 万个，每万人拥有的银行网点数量为 1.3 个；农村地区累计开立单位银行结算账户 1 966.5 万户，同比增长 7.9%，个人银行结算账户 39.7 亿户，同比增长 11.4%；手机银行高速增长，农村地区手机银行开通数累计 5.2 亿户，较上年新增 1.4 亿户；网上银行开通数累计 5.3 亿户，较上年新增 1.0 亿户。积极探索助农服务点模式，改善农村金融服务环境，农民足不出村即可获得查询、取现、转账、汇款、缴费、金融知识咨询等服务。

②在 2017 年实施普惠金融脱贫攻坚的过程中，形成了水城县四位一体的模式，对改善当地人民的生活水平、提高人民的收入、摆脱贫困的生活状态起到了关键性的作用。水城县金融部门通过提高农村金融服务覆盖率，加强农村信用体系建设，加大金融扶贫宣传力度，创新推出金融扶贫产品，构建“四位一体”战略，发展普惠金融，全力助推脱贫攻坚。

一是加快发展农村金融基础设施。为农民提供更加便利、更加多元化的金融服务。目前，县农信联社共有固定营业网点 32 个、便民服务点 10 个、ATM 自助设备 61 台、“村村通”自助设备 329 台，实现行政村金融机具 100% 全覆盖。县农行安装“惠农通”344 台，覆盖全县 30 个乡（镇、街道）299 个行政村，安装行政村覆盖率 100%。贵阳银行水城县支行农村金融服务站点 110 个，覆盖率 86%。

二是积极开展农村信用工程建设。设立县级农户信用信息数据服务中心，为全县农户建立信用基础数据库，进行信用等级评定。着力构建政府、村委会、信用社、农户四位一体的农村信用体系。截至 2016 年年底，全县共创建信用乡镇 18 个，涉及农户 18.25 万户，其中应建档农户 14.06 万户，已建档 13.03 万户，建档比例 71.4%，授信金额 66.09 亿元，户均授信额度 5.09 万元。

三是加大金融扶贫宣传力度。采取集中宣传、流动服务结合的方式，大力宣传金融扶贫政策知识，让宣传助推金融服务、让服务强化宣传效果。累计开展金融夜校活动 1 074 场，培训 11 518 人次，发放宣传资料 2.8 万份，开展助农脱贫流动服务 258 场次。

四是创新推出金融扶贫产品。推出“脱贫贷”“特惠贷”“信用贷”“两权贷”等金融产品，有效推动全县金融扶贫进程。全县累计发放“脱贫贷”3.96 亿元，覆盖 2 813 户贫困户 7 951 人。发放农户小额信用贷款 51 718 笔，余额 18.18 亿元。发放“特惠贷”11 296 笔，余额 4.07 亿元，贫困户“特惠贷”获得率 35.79%。

（6）2017 年中国涉农信贷相关的政策

①深入推进农村金融改革创新。全力做好有关“三农”的金融服务工作，加快发展农村地区的金融组织服务体系，进一步推进农村土地承包的经营权和利用农民的住房进行抵押贷款的试点，促进农民的收入提高和农业的现代化进程。积极地促进供应链融资和动产融资业务，使得农业的适度规模经营和农村地区三次产业合理发展。有关粮食收购的金融服务工作要扎实地推进下去，让农业加快地“走出去”。全面提升小微企业金融服务，聚焦单户授信 500 万元以下小微企业贷款等业务，推动出台普惠金融领域定向降准措施。推动国有大中型商业银行优先设立普惠金融事业部，保障小微企业金融供给。开展小微企业应收账款融资专项行动，扩大知识产权、股权、林权、未来收益权等质押贷款业务。鼓励涉农企业和中小企业发行非金融企业债务融资工具，支持符合条件的金融机构发行“三农”和小微企业金融债券。年末，全口径涉农贷款和小微企业贷款余额分别为 30.95 万亿元和 24.3 万亿元，同比分别增长 9.6% 和 16.4%。

②强化金融机构对“三农”的支持力度。综合研究支农扶贫再贷款应用、农村信用体系建设、助农取款服务点提升对农村金融改革发展的促进作用。加强对农村信用社改革、农村土地制度改革及金融支持、小额贷款公司规范与发展、金融科技在普惠金融的应用研究。2017 年 1 月 23 日，中国人民银行印发《关于开展金融精准扶贫政策效果评估的通知》，切实发挥评估工作对进一步改进精准扶贫金融服务的积极作用。

2017 年中国涉农信贷大事记见表 2-14。

表2-14 2017年中国涉农信贷大事记

时间	发布机构	名称	内容
2017-01-23	中国人民银行	印发《关于开展金融精准扶贫政策效果评估的通知》	印发《关于开展金融精准扶贫政策效果评估的通知》，切实发挥评估工作对进一步改进精准扶贫金融服务的积极作用。
2017-02-17	中国人民银行	立足实体经济注重防控风险全面做好2017年金融市场和信贷政策工作	“三农”、扶贫等薄弱环节金融支持力度不断加大，银行间市场产品创新和制度建设持续推进，对外开放稳步扩大，全国统一的票据交易平台正式设立，互联网金融风险专项整治稳步推进，金融市场服务实体经济能力进一步增强。
2017-02-27	中国人民银行	对降准金融机构进行考核	按照定向降准相关制度，对参与定向降准金融机构2016年度支持“三农”和小微企业情况进行考核，并根据考核结果动态调整其存款准备金率。
2017-03-03	银监会	关于做好2017年三农金融服务工作的通知	为贯彻落实中央1号文件的会议精神，按照全国银行业监督管理工作会议部署，就加强和改进三农金融服务工作进行通知。
2017-05-03	国务院	部署推动大中型商业银行设立普惠金融事业部，聚焦小微企业和“三农”等提升服务能力	着力推进供给侧结构性改革，推动大中型商业银行设立聚焦服务小微企业、“三农”、脱贫攻坚及大众创业、万众创新的普惠金融事业部，可以提高金融服务覆盖率和可得性，为实体经济提供有效支持，防止脱实向虚。
2017-05-20	中国人民银行	举办以“科技创新驱动金融普惠民生”为主题的2017年金融科技活动周	全方位展示金融科技创新和普惠金融成果，促进金融机构不断增强科技创新意识，为社会公众提供安全、高效、丰富的金融服务。
2017-08-21	中国人民银行	召开金融支持深度贫困地区脱贫攻坚座谈会	人民银行各分支机构和各金融机构要认真落实此次会议精神，加大工作力度，提升服务效率和水平，加强部门协调配合，整合资源、多方帮扶、精准发力，切实将更多资源聚焦深度贫困地区，提升深度贫困地区金融精准扶贫效果。
2017-09-30	中国人民银行	将对“三农”和小微企业实施的降准政策由符合一定条件的商业银行来执行	将当前对小微企业和“三农”领域实施的定向降准政策拓展和优化为统一对符合宏观审慎经营要求且普惠金融领域贷款达到一定比例的商业银行实施。

续表

时间	发布机构	名称	内　　容
2017-12-13	国务院	创新金融服务	支持开展农业设施设备抵押贷款和生产订单融资，推广大型农机设备融资租赁。推动省级农业信贷担保公司向市县延伸，力争 2018 年实现主要农业县全覆盖、对新型农业经营主体的农业信贷担保余额占总担保规模比重达到 70% 以上。
2017-12-20	中国人民银行、保监会、银监会、证监会	联合印发《关于金融支持深度贫困地区脱贫攻坚的意见》	坚持新增金融资金优先满足深度贫困地区、新增金融服务优先布设深度贫困地区，为深度贫困地区打赢脱贫攻坚战提供重要支撑。

数据来源：中国人民银行，西部发展研究院整理，2018 年 9 月。

③ 2017 年中国人民银行着力推动重点金融立法。完善中央银行规章制度体系，深化“放管服”改革，推进依法行政和法治央行建设，加强法治队伍建设，为中央银行依法高效履职提供坚强有力的法治保障。积极探索运用支农支小扶贫再贷款、再贴现、抵押补充贷款和定向降准等工具，发挥其结构引导作用，加大对国民经济重点领域和薄弱环节的支持力度。强化信贷政策导向作用，做好对国民经济重点领域、重点区域的金融支持。加快农村金融改革创新，推进农业供给侧结构性改革。推动中国邮政储蓄银行“三农”金融事业部改革试点在全国推广，中国农业银行 2 097 家县域支行改造成为“三农”金融事业部的基本经营单元，农村信用社产权改革不断深化。鼓励金融机构探索开展大型农机具和农业生产设施抵押、动产质押等业务，支持农业适度规模经营。年末，全国试点地区农村承包土地的经营权抵押贷款和农民住房财产权抵押贷款余额分别为 319 亿元和 217 亿元，同比分别增长 118.61% 和 68.52%。积极配合开展秋粮收购和粮食收储制度改革，保障收购信贷资金充裕。年末，全口径涉农贷款增速 9.6%，较上年提高 2.5 个百分点。狠抓金融精准扶贫，助推全面打赢脱贫攻坚战。发挥好金融扶贫牵头作用，统筹做好金融精准扶贫信息共享、统计监测和政策效果评估，开展运用扶贫再贷款发放贷款利率定价机制改革试点工作，支持建档立卡贫困户和带动贫困户企业发展。出台《关于金融支持深度贫困地区脱贫攻坚的意见》，要求新增金融资金优先满足深度贫困地区，新增金

融服务优先布设深度贫困地区。年末，全国金融精准扶贫贷款同比增长 42.6%，高于各项贷款增速 30.5 个百分点[①]。

（7）涉农信贷风险分析

①涉农信贷存在的问题。

一是对于涉农企业和农村集体经济组织贷款不足。因为涉农企业大多属于小型企业，抵抗风险的能力比较弱，农村信用社担心自己的贷款风险增大，所以这些金融机构都会尽量减少对此类企业的贷款金额。在实际的操作中，为了减少自己的信用风险，这些农村信用社把贷款对象从原来的企业转向了农户，基本上只给农户发放贷款。这种贷款方式虽然在一定程度上分散了信贷风险，但难以发挥贷款的规模效益，根据目前农民生产经营对资金的需求特点，也必然造成信用社大量的资金闲置。

二是支农贷款部分投放不合理。对于农民的帮助作用不大，虽然支农贷款投放逐步得到了调整，但是在投放过程中“唯农、偏种、重粮”和“春放、秋收、冬不贷”的传统运营模式并没有得到完全的转变，主要的贷款还是投放在化肥、种子、农药等农业生产经营中，对效益较高的新兴高效农业、农业龙头企业、农副产品精深加工业贷款投放仍显不足，使支农资金的运用效率下降，支农贷款使用效果不高。一方面，目前农村信用社实际发放小额农贷的数额小、期限短，难以满足一些资金需求量大的农户规模化、专业化养殖和生产周期长、见效慢的农业生产项目开发的需要；另一方面，一些地方核发农户贷款证的覆盖面较小，这在一定程度上影响了农民对支农资金的合理需求。

三是严厉的贷款责任追究制和严格的贷款条件限制。这制约了基层信用社支农的积极性和农户对贷款的需求。目前农村信用社普遍实行了严厉的贷款责任追究制。要求新增贷款必须保证 100% 收回，致使一些信贷员宁可不发放贷款，也不愿丢掉饭碗。对农户提出的贷款需求普遍过于谨慎，同时，贷款方式也比较单一，条件严格。为保证贷款 100% 收回，虽然人民银行三令五申要求推广农户小额信用贷款和实行贷款证制度，但目前农村信用社对农户贷款主要仍采取质押、联保两种方

① 数据来源：《中国区域金融运行报告（2018）》。

式。农村信用社信贷人员综合业务素质欠缺，影响了信贷支农服务内涵的延伸和拓宽。许多农村信用社信贷人员知识面窄，市场信息不灵，对农业方面的新科技、新产品了解不多，以致出现对一些创新型农业项目不敢支持、对一些市场前景不明朗的项目不敢支持，客观上影响了支农服务的深度和广度。

②涉农信贷问题的对策。

一是提高服务质量。当前农村信用社首先要进一步改进工作作风，自觉地克服和纠正怕麻烦、图省事、恐贷惜贷心理和单纯追求自身经济效益的行为。要发扬“背包银行”的精神，深入到千家万户了解和掌握农民对生产生活基本资金的需求，帮助农民解决实际困难；要进一步转变观念，切实提高对支农服务重要性的认识，找准市场定位，坚定不移地贯彻“以农为本，为农服务”的办社宗旨，围绕“农”字做文章，不断加大支农投放，积极探索支农服务的新途径、新方法，促进农业增产、农民增收和农村经济的健康发展；最后要积极改进支农服务，进一步加大小额农贷支持力度；大力推行农户贷款证、扩大贷款证的覆盖面，积极推行农户联保贷款，稳妥发展小额信用贷款，切实解决农户贷款难问题。

二是促进农业产业结构调整和优化。农村信用社要调整经营思路，逐步实现由分散型农户贷款向重点支持农业产业化倾斜。在支持传统农业的同时，大力支持特色农业、生态农业、科技型和创新型农业，促进农业生产由原始型向效益型、高效型农业转变；大力支持农业连片开发和种植业、养殖业规模化经营，上规模、上档次、上效益，提高农业资源利用效率，促进农业生产由粗放型向集约型经营转变；努力培养新的经济增长点，立足于扶持“公司＋农户”、“公司＋基地＋农户”的农业产业化经营组织形式，充分发挥龙头带动作用，促进农业生产由初级产品低收入型向高附加值型转变，实现公司、基地、农户、信用社共赢。

三是加强和完善信贷支农的政策扶持力度。人民银行作为宏观管理信贷支农工作的主管部门，要根据变化了的新形势、新情况，加强调查研究，及时调整和改进信贷支农的有关政策措施，为信贷支农提供良好的环境。首先，在支农再贷款的投放对象上，在充分保证农户种养、助学、加工运输等基本生产生活资金需求的前提下，对有助于农村经济结构调整的开发项目、农业产业化经营发展的龙头企业、涉农公司及其他农村经济组织等，也可考虑给予适当支持。其次，在贷款利率上，应进一步细化明确，对用于基本生产生活的贷款，央行应明文不准上浮，使相对贫困的农户真正得到国家优惠政策的实惠。最后，要采取有效措施，减少农村资金外流，以缓解农村信用社资金"瓶颈"约束问题，使其能够有充裕的资金支持农村经济发展。建议一方面要调整目前各大商业银行设在县及县以下的营业网点单纯吸储功能，或是给予其相应的农业贷款权，或是收缩其营业网点，给农村信用社吸储腾出空间；另一方面，应适当降低邮政储蓄在中央银行的转存利率，并坚决制止高息揽储，使农村信用社在吸储方面能够与其展开公平竞争。

2.4.3 中国农业产业企业债情况①

2017 年我国的债券市场的经历很不平凡。面对国内对金融的监管越来越严厉和国际上美联储的不断加息，我国采取中性的货币政策，债券市场面临着资金的紧平衡，债券市场的收益率不断上行。由于受多种因素的综合影响，全年各券种债券收益率大幅上行，债券价格指数大幅下跌。债券市场制度不断完善，"债券通"扩大了债市开放，投资者结构日趋多元，市场创新品种不断丰富，债券融资主体类型的广度和深度加强，发行和交易制度建设也日益完善，市场正从量向质进行转化发展。

2017 年我国债券市场共发行各类债券总计 18.96 万亿元，比 2016 年同比下降 15.13%。其中，中央结算公司发行的债券量为 13.58 万亿元，占比为 71.61%；上海清算所发行的债券量为 4.07 万亿元，占比为 21.46%；交易所新发债券量为 1.31 万亿元，占比为 6.93%。从银行间债券市场发行情况方面来看，中央结算公司发行国债 3.67 万亿元，比 2016 年同比增长 33.68%，发行地方政府债达到了 4.36 万亿元，比 2016 年同比下降 27.92%，发行政策性银行债 3.2 万亿元，比 2016 年同比下降了 4.35%，发行商业银行债达到了 0.38 万亿元，比 2016 年同比增加 4.38%，发行

① 由于目前我国尚无农业产业企业债的统计信息，因此本部分主要通过全国债券市场分析市场整体企业债的表现情况。

信贷资产支持证券 0.60 万亿元，比 2016 年同比增长 67.68%；在上清所发行中期票据 1.03 万亿元，比 2016 年同比下降 6.50%，发行的短期融资债券 2.34 万亿元，比 2016 年同比下降 29.80%，发行的非公开定向债务融资工具 0.49 万亿元，比 2016 年同比下降了 18.06%（见图 2–11）。

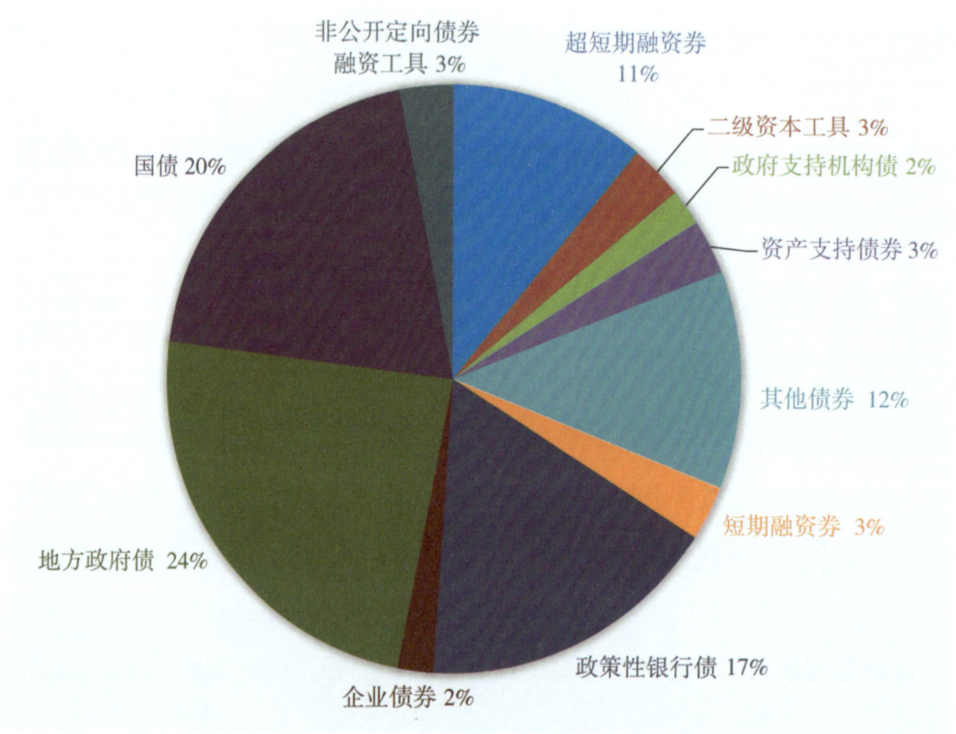

图 2–11　2017 年中央结算公司各债券累计发行量占比图

数据来源：中国债券信息网，西部发展研究院整理，2018 年 9 月。

2017 年我国债券市场呈现以下几个特点：

一是我国的地方政府债的存量规模第一次超过了国债的规模。2017 年年末，我国地方政府债为 14.74 万亿元，而记账式的国债规模仅为 12.20 万亿元。

二是境外机构持有的债券规模稳步上升。2017 年年末，境外的机构持有的债券为 9 741.45 亿元，比 2016 年增加 25.08%。从持债的结构来看，记账式国债和政策性金融债是主要的券种，占持债总量的 94.94%。地方政府债持有的债券量这两年也不断地上涨，相比 2016 年同期增长 81.36%。

三是证券公司的债券持有量快速地增加。2017 年年末，证券公司持有的债券量为 3 658.77 亿元，同比增长 21.87%。从增量结构上看，增持量最多的为企业债，同比增持 341.68 亿元；增速最快的是地方政府债，同比增长 220.69%。

四是 2017 年保险机构的债券持有量为 1.57 万亿元，相比 2016 年减少 18.16%。从券种结构上来看，除了政策性银行债和资产支持证券的持有量增加外，其余债券的持有量均减少。其中，同比减持地方政府债 54.61%，同比减持企业债 33.73%。

2.4.4 中国农业产业保险情况

2017 年我国的保险业呈现出高质量的发展态势，主要是承保业务增长逐月放缓与理赔支出增幅大幅减少同时存在，行业发展质量和效益明显提升。2017 年年末，保险行业总资产余额和资金运用余额分别为 16.75 万亿元、14.92 万亿元，相比较年初分别增长 10.8% 和 11.42%。全年原保险保费收入与赔款给付支出分别为 3.86 万亿元、1.22 万亿元，相比上年同比分别增长 18.16%、6.35%。保费收入中，财产险公司和人身险公司的收入分别为 10 686 亿元和 27 903 亿元，分别增长 13.76% 和 20.04%（见表 2-15 至表 2-17）。

表 2-15　　2017 年保险市场统计情况

单位：亿元

项目＼季度	第一季度	第二季度	第三季度	第四季度
保费收入	15 866	7 274	7 317	8 133
其中：财产险	24 02	2 450	2 378	3 456
人身险	13 464	4 824	4 939	4 676
赔款给付	3 305	2 480	2 542	3 860
其中：财产险	1 135	1 159	1 272	2 028
人身险	2 170	1 321	1 269	1 831
期末资产总额	161 815	164 304	166 824	167 489
其中：银行存款	23 605	21 593	20 113	19 274
投资	117 131	123 406	126 358	129 932

数据来源：中国人民银行，西部发展研究院整理，2018 年 9 月。

表2-16 2017年财产保险公司原保险保费收入情况（中资企业）

单位：亿元

序号	公司名称	原保险保费收入
1	人保股份	3 492.90
2	大地财产	371.23
3	出口信用	184.89
4	中华联合	388.29
5	太保财	1 039.94
6	平安财	2 159.84
7	华泰	79.64
8	天安	141.72
9	华安	112.72
10	永安	84.46
11	太平保险	220.69
12	亚太财险	31.26
13	中银保险	55.59
14	安信农业	11.05
15	永城	63.97
16	安邦	67.85
17	信达财险	32.57
18	安华农业	48.61
19	阳光财产	334.59
20	阳光农业	32.64
21	都邦	41.82
22	渤海	38.64
23	华农	14.52
24	国寿财产	662.15
25	安城	41.03
26	长安责任	29.65
27	国元农业	47.19
28	鼎和财产	40.02
29	中煤财产	13.59

续表

序号	公司名称	原保险保费收入
30	英大财产	83.04
31	浙商财产	37.36
32	紫金财产	50.86
33	泰山财险	15.23
34	众城保险	12.69
35	锦泰财产	16.38
36	诚泰财产	10.06
37	长江财产	7.38
38	富德财产	20.91
39	鑫安汽车	5.05
40	北部湾财产	20.48
41	中石油专属保险	4.98
42	众安财产	59.57
43	恒邦财产	5.18
44	合众财产	1.10
45	燕赵财产	8.49
46	华海财产	15.54
47	中原农业	11.05
48	中路财产	3.74
49	铁路自保	6.23
50	阳光渝融	1.22
51	泰康在线	16.56
52	易安财产	8.39
53	东海航运	1.72
54	久隆财产	1.70
55	安心财产	7.94
56	前海联合	6.03
57	珠峰财险	4.12
58	海峡金桥	3.74
59	建信财产	2.45
—	小计	10 332.24

数据来源：中国保监会，西部发展研究院整理，2018 年 9 月。

表2-17　2017年财产保险公司原保险保费收入情况（外资企业）

单位：亿元

序号	公司名称	原保险保费收入
1	史带财产	1.84
2	美亚	14.20
3	东京海上	5.42
4	瑞再企商	1.38
5	安达保险	5.14
6	三井住友	4.54
7	三星	8.55
8	安联	9.13
9	日本财产	3.73
10	利宝互助	15.29
11	中航安盟	20.98
12	安盛天平	79.46
13	苏黎世	5.14
14	现代财产	1.05
15	劳合社	0.10
16	中意财产	5.63
17	爱和谊	0.53
18	国泰财产	13.01
19	日本兴亚	0.59
20	乐爱金	1.07
21	富邦财险	9.26
22	信利保险	0.35
—	小计	206.39

数据来源：中国保监会，西部发展研究院整理，2018年9月。

2017年保险行业积极支持经济社会的重点领域和薄弱环节，推动科技创新，维护社会稳定，不断提升保险服务实体经济的效率和水平。从助推脱贫攻坚来看，在2017年全年农业保险为2.13亿户次农户提供风险保障金额2.79万亿元，比2016年增长29.24%；支付赔款334.49亿元，比2016年增长11.79%；4 737.14万户次贫困户和受灾农户受益，比2016年增长23.92%。与国计民生密切相关的责任保险和农业保险业务继续保持较快增长，分别实现原保险保费收入 451.27 亿元和 479.06 亿元，比 2016 年增长 24.54% 和 14.69%。

2017 年我国农业保险原保费收入达到了 479.06 亿元，比 2016 年增长了 14.69%[①]。农业保险市场发展迅速，保费收入连年攀升，从 2007 年的 53.33 亿元，到 2017 年的 479.06 亿元，增加了 7.98 倍（见图 2–12）。目前，我国的农业保险还是以传统的由政府财政补贴为主，其比重占农业保险总保费收入的 80% 以上。传统政策性农业保险主要包括受政策补贴的种植业、畜牧养殖业和林业保险等。在传统政策性农业保险仍占主要地位的情况下，商业型和创新型农业保险有很大潜力成为我国农业保险市场新的增长动力。

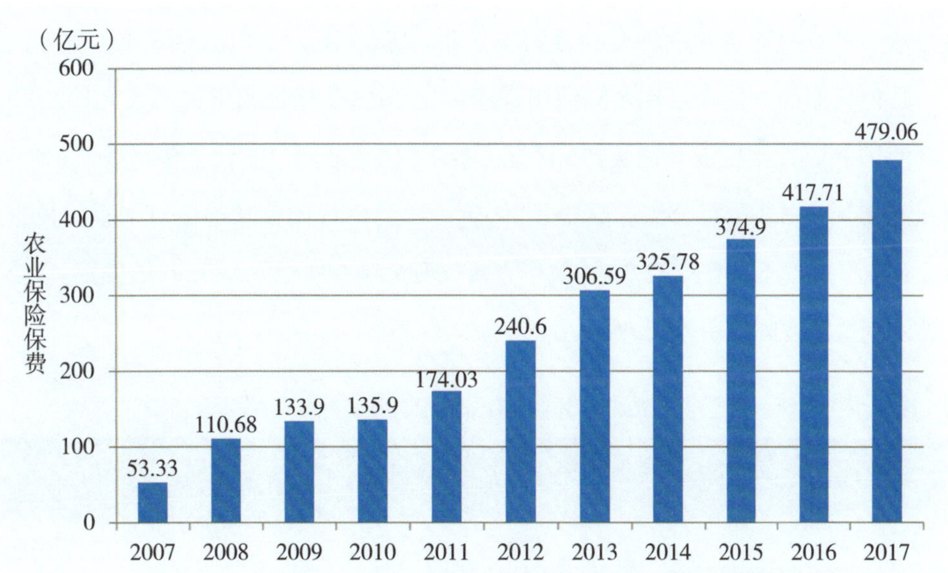

图 2–12　2007~2017 年中国财产保险公司农业保险保费变化图

数据来源：国家统计局，西部发展研究院整理，2018 年 9 月。

2017 年我国农业保险提供的保额总量达到了 1.09 万亿元。《2016—2017 保险业风险管理白皮书》认为，在风险保障方面，我国农业保险仍具有巨大的发展潜力。目前，我国种植险的风险保障以直接物化成本为主，保障额度较低。拿水稻来说，风险保障水平仅占生产成本的 20% 左右。而在农险较为发达的美国，农业保险基

① 中国保监会：《2017 年保险统计数据报告》，http://bxjg.circ.gov.cn/web/site0/tab5257/info4101484.htm，2018 年 3 月 6 日。

本都是收入保障，保障水平通常可以完全覆盖生产成本。随着完全成本保险和收入保险试点的展开，可以预期，我国农业保险的保障水平将会得到提升，预计到2030年左右，我国农业保险的风险保障水平会接近发达国家，单位农产品保额在现有基础上预计将提升两倍多，农业保险的业务增长势头强劲。

2.4.5 2017年中国非金融领域投资情况

2017年全年吸收外商直接投资（不含银行、证券、保险）新设立企业35 652家，比上年增长27.8%（见表2–18）。其中，农、林、牧、渔业，制造业，批发和零售业和房地产业的合同项目分别比上年增长26.5%、24.3%、30.7%和95.0%，但是实际使用金额分别比上年增长了–41.6%、–1.9%、–23.9%和–10.4%；外商投资在信息传输、计算机服务和软件业的合同项目和实际使用金额都比2016年大幅度的增加，其他行业的合同项目和实际使用金额相比2016年增加幅度都不太大。2017年实际使用外商直接投资金额8 776亿元（折1 310亿美元），比上年增长7.9%，增速比上年加快3.8个百分点。其中，“一带一路”沿线国家和地区对华直接投资新设立企业3 857家，增长32.8%；对华直接投资金额374亿元（折56亿美元）。全年高技术制造业实际使用外资666亿元，增长11.3%。

表2–18　2017年外商直接投资及其增长速度

行　业	企业数（家）	比上年增长（%）	实际使用金额（亿元）	比上年增长（%）
总计	35 652	27.8	8 776	7.9
农、林、渔、牧业	706	26.5	72	–41.6
制造业	4 986	24.3	2 259	–1.9
电力、燃气及水生产和供应业	372	19.6	235	61.8
交通运输、仓储和邮政业	517	21.7	374	13.6
信息传输、计算机服务和软件业	3 169	116.6	1 389	157.1
批发和零售业	12 283	30.7	770	–23.9
房地产业	737	95.0	1 133	–10.4
租赁和商务服务业	5 087	9.9	1 125	7.5
居民服务和其他服务业	349	42.5	38.0	16.0

数据来源：国家统计局，西部发展研究院整理，2018年9月。

2017 年全年对外直接投资额（不含银行、证券、保险）8 108 亿元，按美元计价为 1 201 亿美元，比上年下降 29.4%。其中仅有电力、热力、燃气及水生产和供应业和建筑业外对直接投资比上年分别增长了 26.5% 和 37.5%；其他行业的对外投资比之上年都出现了不同程度的下降，以房地产业下降的幅度最大，下降了 79.6%（见表 2–19）。其中，对“一带一路”沿线国家和地区直接投资额 144 亿美元。全年对外承包工程业务完成营业额 11 383 亿元，按美元计价为 1 686 亿美元，比上年增长 5.8%。其中，对“一带一路”沿线国家和地区完成营业额 855 亿美元，增长 12.6%，占对外承包工程业务完成营业额比重为 50.7%。对外劳务合作派出各类劳务人员 52 万人，增长 5.7%。

表 2–19　2017 年对外直接投资及其增长速度

行　业	对外直接投资美元（亿美元）	比上年增长（%）
总计	1 201	–29.4
农、林、渔、牧业	22	–25.3
采矿业	83	–4.4
制造业	191.2	–38.4
电力、热力、燃气及水生产和供应业	95.3	26.5
建筑业	73.0	37.5
批发和零售业	249	–9.6
交通运输、仓储和邮政业	30	–16.9
信息传输、软件和信息技术服务业	103	–49.3
房地产业	21.7	–79.6
租赁和商务服务业	349	–17.3

数据来源：国家统计局，西部发展研究院整理，2018 年 9 月。

另外，2017 年在股票融资方面，全国股票筹资额达到了 11 755 亿元，成交金额为 112.46 万亿元，第三季度的股票市场比较活跃，成交金额相对高于其他三个季度（见表 2–20）。

表 2-20　　2017 年股票市场统计量

项目＼季度	第一季度	第二季度	第三季度	第四季度
股票筹资额（亿元）	3 277	2 349	2 604	3 525
成交金额（亿元）	264 421	258 145	330 385	271 674
期末总股本（亿股）	49 757	51 837	52 844	53 747
期末市场总值（亿元）	539 588	534 322	569 301	567 475
期末上市公司数（家）	3 185	3 297	3 399	3 485
期末收盘指数	—	—	—	—
上证综合指数（1990 年 12 月 19 日 =100）	3 223	3 192	3 349	3 307
深证成分指数（1994 年 7 月 20 日 =1 000）	10 429	10 530	11 087	11 041

数据来源：中国人民银行，西部发展研究院整理，2018 年 9 月。

2017 年在期货市场方面，期货的成交量为 41.38 亿手，全年的成交金额为 195.63 万亿元。其中第二季度的期货市场比较活跃，成交的金额相对来说高于其他三个季度（见表 2-21）。

表 2-21　　2017 年期货市场统计

项目＼季度	第一季度	第二季度	第三季度	第四季度
成交量（万手）	104 335	124 723	95 240	89 484
成交金额（亿元）	457 471	535 955	457 081	505 837
期末持仓量（亿元）	1 394	1 373	1 305	1 190
交割量（手）	331 146	460 111	351 284	138 141

数据来源：中国人民银行，西部发展研究院整理，2018 年 9 月。

3

中国农业领域企业上市情况

3.1 中国农业领域企业上市总体情况

3.1.1 上市地点分布

2017年，我国共有193家企业涉足农业领域挂牌上市，新三板是主要上市板块。从上市数量及其占比来看，有113家企业在新三板挂牌上市，占农业领域上市企业总数的58.55%；另外，有61家企业在四板挂牌上市，占农业领域上市企业总数的31.61%；其余，在上海证券交易所上市10家，占比5.18%；在深圳证券交易所中小板上市5家，占比2.59%；在深圳证券交易所创业板上市1家，占比0.52%；在香港证券交易所主板上市1家，占比0.52%；在香港证券交易所创业板上市1家，占比0.52%；在纳斯达克证券交易所上市1家，占比0.52%（见图3-1和表3-1）。

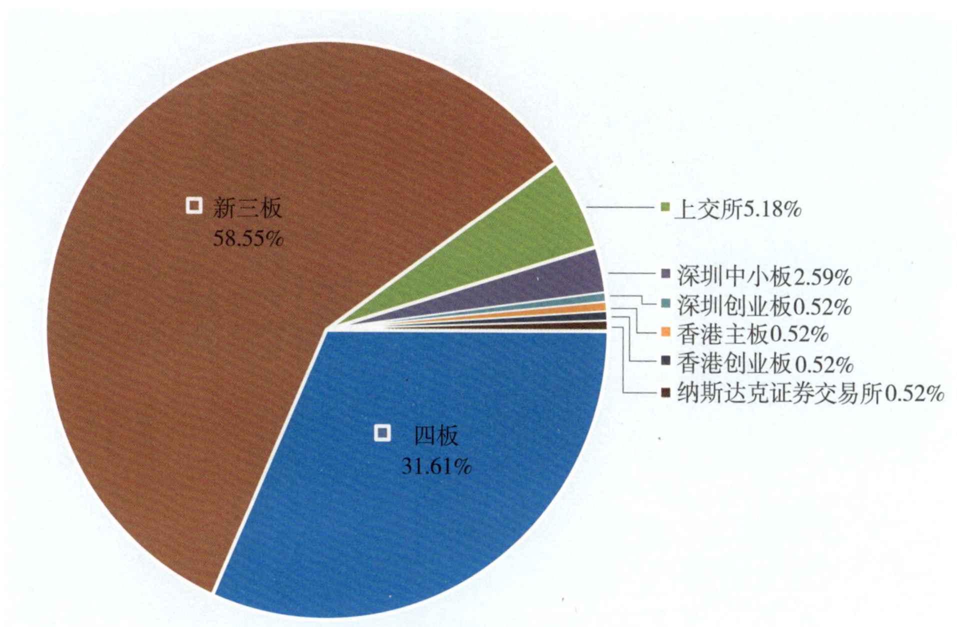

图3-1 2017年中国农业领域企业上市地点分布图（按上市数量）

数据来源：私募通，西部发展研究院整理，2018年9月。

表 3-1　　2017 年中国农业领域企业上市地点分布(按上市数量)

上市地点	四板	新三板	上交所	深圳中小板	深圳创业板	香港主板	香港创业板	纳斯达克证券交易所
企业数量（个）	61	113	10	5	1	1	1	1

数据来源：私募通，西部发展研究院整理，2018 年 9 月。

3.1.2　二级行业分布

从二级行业上市企业数量来看，2017 年中国农业领域的上市企业主要集中于农产品及食品加工业，共有 91 家企业挂牌上市，占比 47%；其次是农业（种植业），共有 45 家企业挂牌上市，占比 23%；第三位是畜牧业，共有 21 家企业挂牌上市，占比 11%；第四位是农资行业，有 15 家企业上市，占比 8%；第五位是林业，有 10 家企业上市，占比 5%；剩下的 11 家上市企业分布于渔业和其他，占比均为 3%（见图 3-2 和表 3-2）。

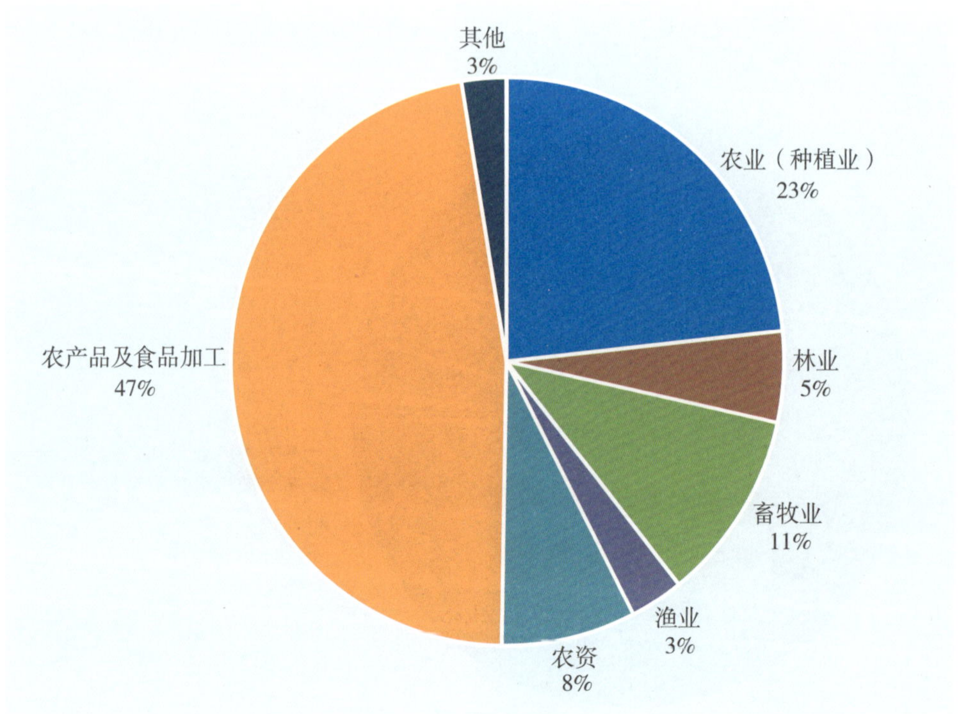

图 3-2　2017 年中国农业领域上市企业二级行业分布图（按上市数量）

数据来源：私募通，西部发展研究院整理，2018 年 9 月。

表 3-2　　2017 年中国农业领域上市企业二级行业分布(按上市数量)

行业	农业(种植业)	林业	畜牧业	渔业	农资	农产品及食品加工	其他
企业数量(个)	45	10	21	6	15	91	5

数据来源：私募通，西部发展研究院整理，2018 年 9 月。

3.1.3　VC/PE 支持情况

2017 年在农业领域挂牌上市的 193 家企业中，得到 VC/PE 支持的企业有 21 家，占比 11%；未获得 VC/PE 支持的企业有 172 家，占比 89%（见表 3-3）。

表 3-3　　2017 年中国农业领域上市 VC/PE 支持情况

	上市企业数量(个)	占比(%)
有 VC/PE 支持	21	11
无 VC/PE 支持	172	89
合计	193	100

数据来源：私募通，西部发展研究院整理，2018 年 9 月。

3.2　中国农业领域企业 IPO 上市情况

3.2.1　2017 年中国企业 IPO 上市总体情况

根据私募通统计，2017 年我国共有 615 家企业成功进行 IPO 上市。分行业来看，IPO 上市最多的是机械制造行业，上市案例 89 起，占比 14.47%；其次是建筑、工程业，上市案例 68 起，占比 11.06%；位居第三的是化工原料及加工行业，上市案例 54 起，占比 8.78%；电子及光电设备，生物技术、医疗健康的上市案例均为 53 起，占比 8.62%；金融、IT、汽车、娱乐传媒、能源及矿产行业上市的案例均在 20 起以上；其余行业上市案例均在 20 起以下（含 20 起）（见表 3-4）。

在农业产业领域，2017 年共有 19 家企业成功进行 IPO 上市，分别分布于农、林、牧、渔，农资，农产品及食品加工等行业板块。其中，在农、林、牧、渔板块IPO上市3起，在农产品及食品加工板块IPO上市13起，农资板块IPO上市3起。

表3-4　　2017年中国企业IPO上市总体情况

行业	上市数量	比例（%）	披露融资额公司数量	融资额（百万美元）	比例（%）	平均融资额（百万美元）
机械制造	89	14.47	89	5 361.98	9.85	60.25
建筑、工程	68	11.06	65	3 850.28	7.07	59.24
化工原料及加工	54	8.78	54	3 229.05	5.93	59.80
电子及光电设备	53	8.62	52	4 088.55	7.51	78.63
生物技术、医疗健康	53	8.62	52	4 128.04	7.59	79.39
其他	34	5.53	33	2 107.51	3.87	63.86
IT	31	5.04	31	2 545.78	4.68	82.12
汽车	30	4.88	30	3 623.88	6.66	120.80
金融	29	4.72	27	10 737.80	19.73	397.70
娱乐传媒	23	3.74	22	1 663.71	3.06	75.62
能源及矿产	22	3.58	22	1 831.31	3.37	83.24
连锁及零售	20	3.25	19	1 102.42	2.03	58.02
清洁技术	20	3.25	19	1 548.01	2.84	81.47
纺织及服装	16	2.60	15	1 718.64	3.16	114.58
电信及增值业务	16	2.60	15	1 584.47	2.91	105.63
食品、饮料	13	2.11	13	900.82	1.66	69.29
教育与培训	10	1.63	10	1 606.03	2.95	160.60
物流	10	1.63	8	992.11	1.82	124.01
互联网	8	1.30	8	1 060.60	1.95	132.58
半导体	6	0.98	5	164.61	0.30	32.92
房地产	4	0.65	3	38.02	0.07	12.67
农、林、牧、渔	3	0.49	3	451.10	0.83	150.36
其他制造业	2	0.33	2	47.77	0.09	23.89
广播电视及数字电视	1	0.16	1	39.14	0.07	39.14
合计	615	100.00	598	54 421.62	100.00	2 265.81

数据来源：私募通，西部发展研究院整理，2018年9月。

从融资额来看，金融行业融资额最多，26 家上市企业共融资 107.38 亿美元，占 2017 年 IPO 融资总额的 19.73%；其次是机械制造业，89 家上市企业共融资 53.62 亿美元，占 2017 年 IPO 融资总额的 9.85%；第三是生物技术和医疗健康行业，53 家上市企业共融资 41.28 亿美元，占 2017 年 IPO 融资总额的 7.59%。

在农业领域上市的 19 家企业通过 IPO 共融资 15.77 亿美元，融资总金额较 2016 年有所上升。与其他行业相比，农业领域企业 IPO 融资规模相对较小。

3.2.2 2017 年中国农业领域企业 IPO 上市情况

（1）总体情况

2017 年，农业领域共有 19 家企业发行新股并成功上市交易，较 2016 年增加 4 家，融资金额 15.77 亿美元，较 2016 年融资总额增长了 20.02%。其中，8 家企业得到 VC/PE 的支持。总体情况见表 3–5。

表 3–5　2017 年中国农业领域 IPO 上市总体情况

企业名称	交易所	上市时间	行业	股票代码	筹资额（百万）	市盈率	VC/PE 支持
日清食品	香港证券交易所主板	2017–12–11	食品制造业	01475	HKD950.77	—	否
香飘飘	上海证券交易所	2017–11–30	饮料制造业	603711	RMB567.34	22.99	否
中农立华	上海证券交易所	2017–11–16	农药及肥料	603970	RMB415.67	22.98	否
庄园牧场	深圳证券交易所中小板	2017–10–31	食品制造业	002910	RMB349.43	22.94	是
傲农生物	上海证券交易所	2017–09–26	畜牧业	603363	RMB287.40	22.95	是
天地荟	纳斯达克证券交易所	2017–09–21	食品、饮料	PETZ	USD5.63	—	否
中宠股份	深圳证券交易所中小板	2017–08–21	食品制造业	002891	RMB386.50	22.98	否
佩蒂股份	深圳证券交易所创业板	2017–07–11	食品制造业	300673	RMB446.80	22.99	是
运兴泰集团	香港证券交易所创业板	2017–06–30	食品加工	08362	HKD70.00	—	否

续表

企业名称	交易所	上市时间	行业	股票代码	筹资额（百万）	市盈率	VC/PE支持
惠发股份	上海证券交易所	2017-06-13	食品加工	603536	RMB228.90	22.97	否
苏垦农发	上海证券交易所	2017-05-15	农业	601952	RMB2 423.20	22.12	是
先达股份	上海证券交易所	2017-05-11	农药及肥料	603086	RMB352.80	15.26	是
绝味食品	上海证券交易所	2017-03-17	食品加工	603517	RMB804.50	22.99	是
道道全	深圳证券交易所中小板	2017-03-10	食品制造业	002852	RMB1 182.50	22.99	否
安井食品	上海证券交易所	2017-02-22	食品加工	603345	RMB600.59	22.99	是
盐津铺子	深圳证券交易所中小板	2017-02-08	食品加工	002847	RMB283.34	22.99	否
天马科技	上海证券交易所	2017-01-17	渔业	603668	RMB329.13	22.97	否
海利尔	上海证券交易所	2017-01-12	农药及肥料	603639	RMB748.50	23.00	否
华统股份	深圳证券交易所中小板	2017-01-10	食品加工	002840	RMB292.57	23.00	是

数据来源：私募通，西部发展研究院整理，2018 年 9 月。

（2）上市地点分布

2017 年，农业领域有 16 家企业完成内地 IPO 上市。其中，在上海证券交易所上市 10 家，深圳中小企业板上市 5 家，深圳创业板 1 家。其余 3 家分别在香港主板、香港创业板和纳斯达克证交所市场完成上市（见表 3-6 和图 3-3）。

表 3-6　2017 年农业上市公司地点分布

上市地点	上海证券交易所	香港证券交易所主板	纳斯达克证券交易所	香港证券交易所创业板	深圳证券交易所中小板	深圳证券交易所创业板
企业数量（个）	10	1	1	1	5	1

数据来源：私募通，西部发展研究院整理，2018 年 9 月。

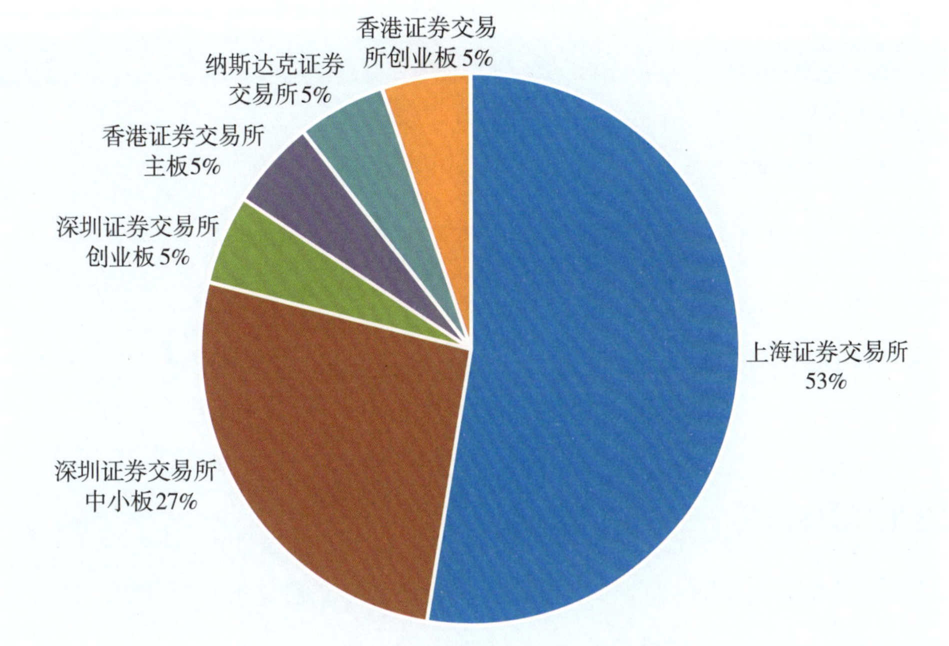

图 3-3　2017 年农业上市公司地点分布图

数据来源：私募通，西部发展研究院整理，2018 年 9 月。

（3）二级行业分布

2017 年，19 家完成 IPO 上市的农业企业中，13 家企业分布于农产品及食品加工行业板块，3 家企业分布于农、林、牧、渔行业板块，3 家企业分布于农资行业板块（见图 3-4 和表 3-7）。

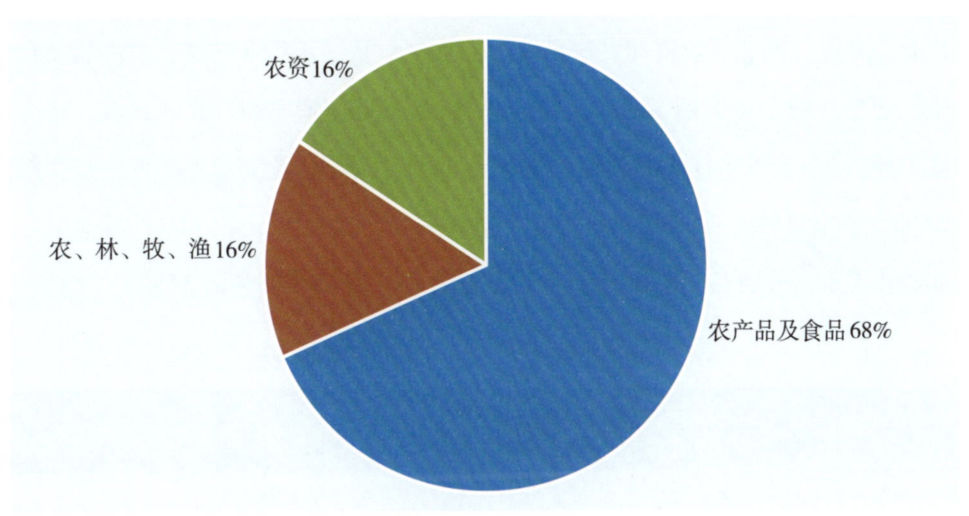

图 3-4　2017 年农业领域上市公司二级行业分布图

数据来源：私募通，西部发展研究院整理，2018 年 9 月。

表 3–7　2017 年农业领域上市公司二级行业分布

行业	农、林、牧、渔	农资	农产品及食品加工
企业数量（个）	3	3	13

数据来源：私募通，西部发展研究院整理，2018 年 9 月。

3.3 中国农业领域企业新三板挂牌情况

3.3.1 总体情况

自新三板开市到 2017 年，中国农业领域共有 637 家企业成功登陆，分布于全国各个地区，涵盖农业（种植业）、农产品及食品加工、畜牧等多个行业；其中获得 VC/PE 支持的企业有 135 家，502 家企业未得到 VC/PE 支持。

2017 年，农业领域在新三板挂牌的公司有 113 家，相比 2016 年减少了 114 家，其中有 13 家获得 VC/PE 支持，比 2016 年减少了 35 家（见附录 4）。

3.3.2 二级行业分布

2017 年，我国农业领域新三板挂牌案例 113 起，主要分布于农业（种植业）、畜牧业、林业、渔业、农资和农产品及食品加工。从二级行业分类，农产品及食品加工行业新三板上市案例 56 起，占农业领域新三板挂牌案例总数的 50%；其次是农业（种植业），发生挂牌案例数 22 起，占比 19%；第三是畜牧业，发生挂牌案例数 16 起，占比 14%；第四是农资，发生挂牌案例数 12 起，占比 11%；其他则分布于林业和渔业，分别有 4 起和 3 起，占比均为 3%（见表 3–8 和图 3–5）。

表 3–8　2017 年农业领域新三板挂牌企业二级行业分布

行业	农业（种植业）	林业	畜牧业	渔业	农资	农产品及食品加工
新三板案例数（起）	22	4	16	3	12	56

数据来源：私募通，西部发展研究院整理，2018 年 9 月。

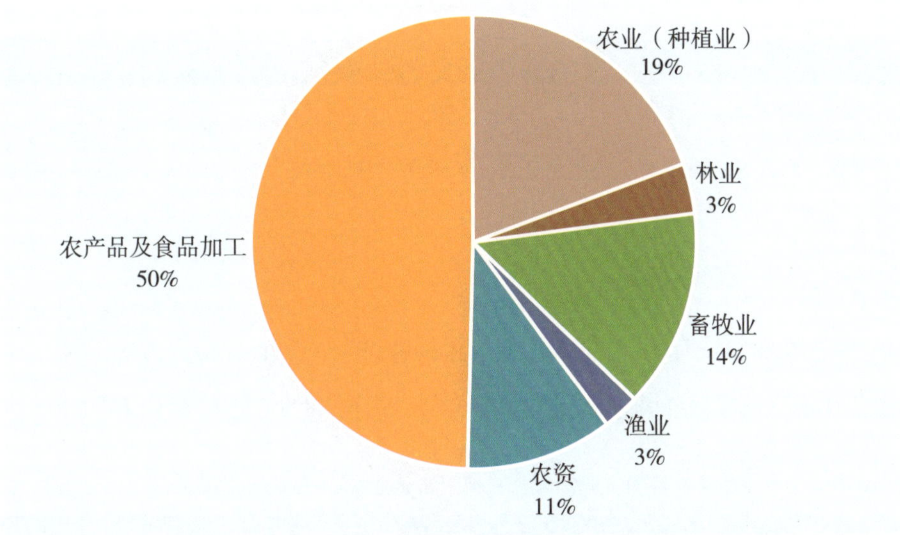

图 3-5　2017 年农业领域新三板挂牌企业二级行业分布图

数据来源：私募通，西部发展研究院整理，2018 年 9 月。

3.3.3 地区分布

2017 年农业领域新三板挂牌的 113 家企业中，60 家属于东部地区，占比 53%；34 家属于中部地区，占比 30%；19 家属于西部地区，占比 17%（见图 3-6 和表 3-9）。农业企业在新三板成功挂牌，有助于缓解该地区农业企业的融资困境，吸引更多的投资商，使农业企业的真正价值得到社会的广泛认可。

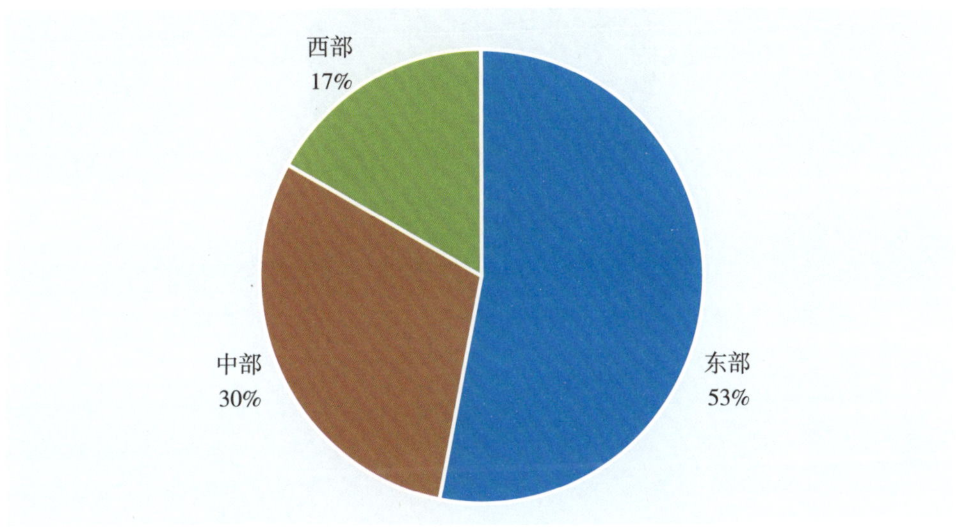

图 3-6　2017 年新三板挂牌企业地区分布图

数据来源：私募通，西部发展研究院整理，2018 年 9 月。

表 3-9 2017 年新三板挂牌企业地区分布情况

地区	东部	中部	西部
新三板挂牌案例数（起）	60	34	19

数据来源：私募通，西部发展研究院整理，2018 年 9 月。

3.3.4 VC/PE 支持情况

2017 年，农业领域有 13 家企业在新三板挂牌得到 VC/PE 支持，占比 12%；其余 100 家企业在新三板成功挂牌未得到 VC/PE 支持，占比 88%（见表 3-10 和图 3-7）。

表 3-10 2017 年我国农业领域新三板上市企业 VC/PE 支持情况

	新三板挂牌案例数（家）	占比（%）
有 VC/PE 支持	13	12
无 VC/PE 支持	100	88
合计	113	100

数据来源：私募通，西部发展研究院整理，2018 年 9 月。

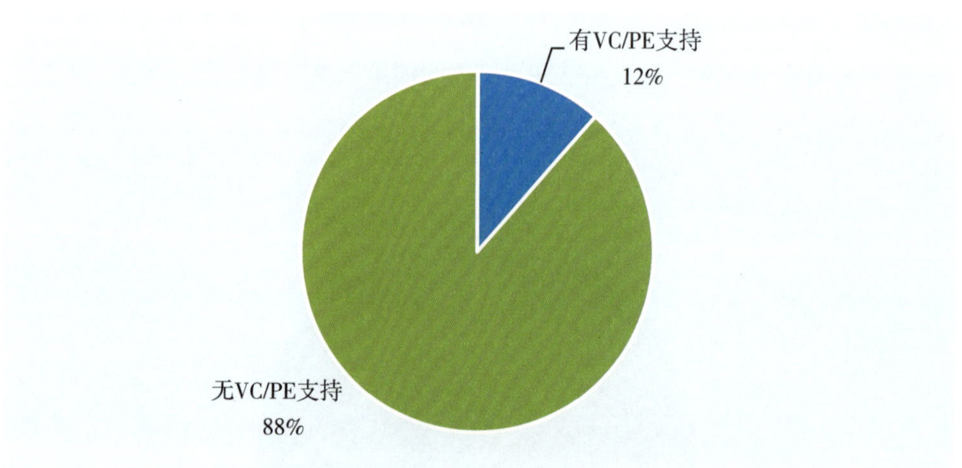

图 3-7 2017 年我国农业领域新三板上市企业 VC/PE 支持情况图

数据来源：私募通，西部发展研究院整理，2018 年 9 月。

3.4 中国农业领域企业四板挂牌情况

3.4.1 总体情况

2017 年，中国农业领域共有 61 家企业在四板成功挂牌，较 2016 年减少了 409 家，涵盖农业种植、农业加工、畜牧等多个行业（见附录 5）。2017 年新推出的《区域性股权市场监督管理办法》，对区域性股权市场的发行和转让执行非公开、非标准、非连续的“三非”要求，对四板上市的条件进行了严格限制，加强了市场的规范运作，对市场风险进行预警提示，以促进四板市场不断发展和前行。

3.4.2 二级行业分布

2017 年，我国农业领域四板挂牌案例 61 起，主要分布于农业（种植业）、畜牧业、林业、渔业、农资合农产品及食品加工业。从二级行业分类看，农业（种植业）和农产品及食品加工业在四板上市案例均为 22 起，占农业领域四板挂牌案例总数的 36%；其次是林业，发生挂牌案例数 6 起，占比 10%；第三是畜牧业，发生挂牌案例数 4 起，占比 7%；剩余则分布于渔业，农、林、牧、渔服务业，发生挂牌案例分别为 2 起、5 起，占比分别为 3%、8%（见图 3–8 和表 3–11）。

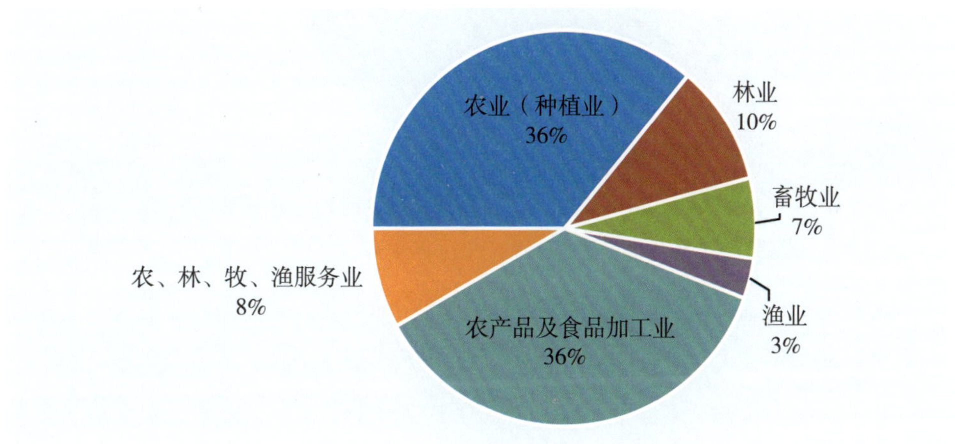

图 3–8　2017 年农业领域四板挂牌企业二级行业分布图

数据来源：私募通，西部发展研究院整理，2018 年 9 月。

表 3-11　　2017 年农业领域四板挂牌企业二级行业分布

行业	农业（种植业）	林业	畜牧业	渔业	农产品及食品加工业	农、林、牧、渔服务业
四板案例数（起）	22	6	4	2	22	5

数据来源：私募通，西部发展研究院整理，2018 年 9 月。

3.4.3 地区分布

2017 年农业领域四板挂牌的 61 家企业中，有 19 家属于西部地区，占比 31%；有 41 家属于东部地区，占 67%；1 家属于中部地区，占比 2%（见表 3-12 和图 3-9）。

表 3-12　　2017 年四板挂牌企业地区分布情况

地区	东部	中部	西部
四板案例数（起）	41	1	19

数据来源：私募通，西部发展研究院整理，2018 年 9 月。

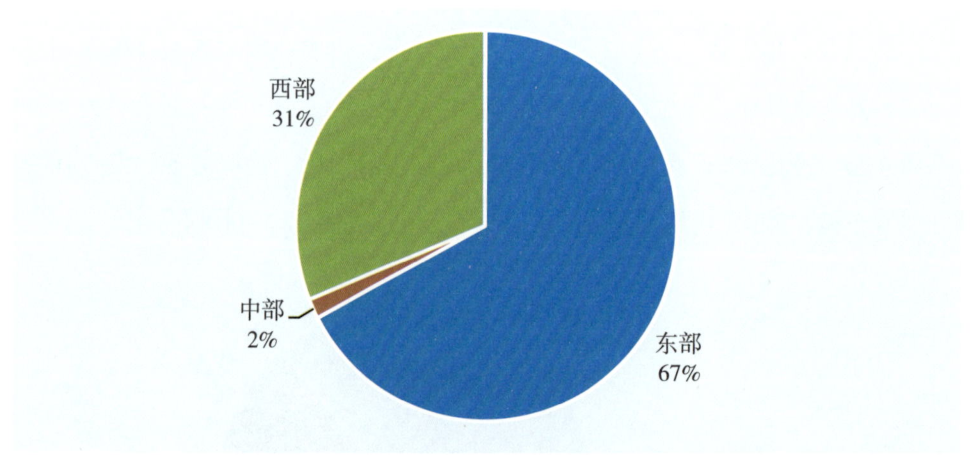

图 3-9　2017 年农业领域四板挂牌企业地区分布图

数据来源：私募通，西部发展研究院整理，2018 年 9 月。

3.5 VC/PE 背景的农业企业 IPO 上市情况

3.5.1 VC/PE 背景的农业企业 IPO 上市及融资情况

2017 年，农业领域成功实现 IPO 上市的 19 家企业中有 8 家得到了 VC/PE 的支持，占 IPO 上市农业企业的 42.11%，融资金额占比为 52.29%。得到 VC/PE 支持的 8 家 IPO 上市企业中，有 5 家农业企业选择在上海证券交易所上市，2 家在深圳中小板上市，1 家在上深圳创业板上市。综合比较，在上海证券交易所进行 IPO 上市的企业，平均融资额较大（见表 3-13）。

表 3-13　2017 年农业领域 VC/PE 背景企业 IPO 上市情况

上市企业	上市地点	投资机构	投资时间	投资金额（百万元）	股权	轮次	阶段	投资类型
庄园牧场	深圳证券交易所中小板	容银投资	2010-09-09	5.00	1.49%	A	成熟期	PE
		容银投资	2011-09-21	10.00	1.35%	B	成熟期	PE
		富坤创投	2010-09-09	25.00	7.44%	A	成熟期	VC
		创东方	2011-09-02	20.00	2.70%	B	成熟期	VC
		创东方	2011-09-02	20.00	2.70%	B	成熟期	VC
		久银控股	2011-09-02	10.00	1.35%	B	成熟期	PE
		华人创新集团	2011-09-02	10.00	1.35%	B	成熟期	VC
傲农生物	上海证券交易所	天津硅谷天堂鸿瑞基金	2015-12-01	30.00	1.50%	A	扩张期	PE
		九源长青	2015-12-01	40.00	2.00%	A	扩张期	PE
佩蒂股份	深圳证券交易所创业板	联动第一期	2011-03-30	41.22	5.50%	A	扩张期	PE
		泓石资本	2015-12-30	26.00	3.33%	B	成熟期	PE
苏垦农发	上海证券交易所	航天产业投资基金	2012-09-28	85.36	3.02%	A	成熟期	PE
		诚鼎创投	2012-09-28	45.21	1.60%	A	成熟期	VC
		真金资产	2012-09-28	33.12	1.17%	A	成熟期	PE
		诚鼎创投	2012-09-28	30.12	1.07%	A	成熟期	VC
先达股份	上海证券交易所	松禾资本	2011-03-30	14.80	4.70%	B	扩张期	VC
		松禾资本	2011-03-30	31.50	10%	B	扩张期	VC

续表

上市企业	上市地点	投资机构	投资时间	投资金额（百万元）	股权	轮次	阶段	投资类型
绝味食品	上海证券交易所	复星创投	2011-03-11	104.00	8%	A	初创期	PE
		九鼎投资	2011-03-11	58.50	4.50%	A	初创期	PE
		九鼎投资	2011-03-11	39.00	3%	A	初创期	PE
		九鼎投资	2011-03-11	19.50	1.50%	A	初创期	PE
		晟果财信	2011-03-11	32.50	2.50%	A	初创期	VC
安井食品	上海证券交易所	深圳秀水	2011-06-27	30.14	2.51%	A	扩张期	PE
		国信弘盛	2011-06-27	29.32	2.45%	A	扩张期	PE
华统股份	深圳证券交易所中小板	浙科风投	2014-03-20	14.99	1.56%	B	成熟期	VC
		浙科风投	2014-03-20	29.98	3.13%	B	成熟期	VC
		恒晋同盛创投	2014-03-20	14.99	1.56%	B	成熟期	VC

数据来源：私募通，西部发展研究院整理，2018年9月。

3.5.2 投资回报情况

根据投中CVSource统计数据，2017年农业领域共涉及8笔IPO退出案例，根据已披露数据测算行业平均账面回报率为2.29倍，最高账面回报率为7.15倍，最低为0.86倍，实现账面回报率金额3.35亿美元。与2016年相比，行业账面平均回报率从1.9倍上升至2.29倍，而账面回报金额由5.98亿美元下降至3.35亿美元（见表3-14、表3-15和图3-10）。

表3-14　2017年VC/PE投资农业企业IPO上市案例汇集

时间	案例简述
2017-01-10	浙江华统肉制品股份有限公司上市，浙江浙科汇利投资管理有限公司、杭州浙科汇庆创业投资合伙企业（有限合伙）、浙江恒晋同盛创业投资合伙企业（有限合伙）获得退出，账面退出回报率均为0.98倍。
2017-02-22	福建安井食品股份有限公司上市，深圳秀水投资有限公司、国信弘盛创业投资有限公司获得退出，账面退出回报率均为1.50倍。
2017-03-17	绝味食品股份有限公司上市，上海复星创业投资管理有限公司、苏州周原九鼎投资中心（有限合伙）、苏州文景九鼎投资中心（有限合伙）、厦门金泰九鼎股权投资合伙企业（有限合伙）、石河子市晟果财信股权投资合伙企业（有限合伙）获得退出，账面退出回报率均为4.46倍。

续表

时间	案例简述
2017-05-11	山东先达农化股份有限公司上市，南通松禾创业投资合伙企业（有限合伙）、深圳市松禾成长创业投资合伙企业（有限合伙）获得退出，账面退出回报率为 7.15 倍、1.58 倍。
2017-05-15	江苏省农垦农业发展股份有限公司上市，航天产业投资基金管理（北京）有限公司、上海诚鼎创业投资有限公司、上海真金资产管理有限公司、上海诚鼎创业投资有限公司获得退出，账面退出回报率均为 2.64 倍。
2017-07-11	佩蒂动物营养科技股份有限公司上市，中山联动第一期股权投资中心（有限合伙）、北京泓石资本管理股份有限公司获得退出，账面退出回报率为 1.73 倍、1.72 倍。
2017-09-26	福建傲农生物科技集团股份有限公司上市，天津硅谷天堂鸿瑞股权投资基金合伙企业（有限合伙）、深圳九源长青股权投资基金企业（有限合伙）获得退出，账面退出回报率为 0.86 倍、0.86 倍。
2017-10-31	兰州庄园牧场股份有限公司上市，上海容银投资有限公司、深圳市富坤创业投资集团有限公司、深圳市创东方投资有限公司、北京久银投资控股股份有限公司、华人创新集团有限公司获得退出，账面退出回报率为 1.40 倍、2.09 倍、1.06 倍、1.06 倍、1.06 倍。

数据来源：私募通，西部发展研究院整理，2018 年 9 月。

表 3-15 2017 年 VC/PE 支持农业 IPO 上市的账面回报情况

上市企业	投资机构	上市前持股比例	上市后持股比例	账面回报（倍数）	账面 IRR
庄园牧场	容银投资	2.01%	1.51%	1.40	4.82
	容银投资	2.01%	1.51%	1.40	4.82
	富坤创投	4.98%	3.73%	2.09	10.86
	创东方	2.03%	1.52%	1.06	0.95
	创东方	2.03%	1.52%	1.06	0.95
	久银控股	1.01%	0.76%	1.06	0.95
	华人创新集团	1.01%	0.76%	1.06	0.95
傲农生物	天津硅谷天堂鸿瑞基金	1.50%	1.29%	0.86	-7.94
	九源长青	2.00%	1.71%	0.86	-7.94
佩蒂股份	联动第一期	5.31%	3.99%	1.73	9.09
	泓石资本	3.33%	2.50%	1.72	42.41
苏垦农发	航天产业投资基金	N/A	N/A	2.64	23.30
	诚鼎创投	N/A	N/A	2.64	23.30
	真金资产	N/A	N/A	2.64	23.30
	诚鼎创投	N/A	N/A	2.64	23.30

续表

上市企业	投资机构	上市前持股比例	上市后持股比例	账面回报（倍数）	账面 IRR
先达股份	松禾资本	N/A	N/A	7.15	37.90
	松禾资本	N/A	N/A	1.58	7.75
绝味食品	复星创投	N/A	N/A	4.46	28.18
	九鼎投资	N/A	N/A	4.46	28.18
	九鼎投资	N/A	N/A	4.46	28.18
	九鼎投资	N/A	N/A	4.46	28.18
	晟果财信	N/A	N/A	4.46	28.18
安井食品	深圳秀水	N/A	N/A	1.50	7.14
	国信弘盛	N/A	N/A	1.50	7.14
华统股份	浙科风投	N/A	N/A	0.98	–0.72
	浙科风投	N/A	N/A	0.98	–0.72
	恒晋同盛创投	N/A	N/A	0.98	–0.72

数据来源：私募通，西部发展研究院整理，2018 年 9 月。

图 3–10　2009~2017 年中国农业领域 VC/PE 机构 IPO 退出回报趋势图

数据来源：投中集团、私募通，西部发展研究院整理，2018 年 9 月。

3.6 农业领域企业上市整体表现

2017年，农业领域企业上市情况整体平稳，突出表现可以概括为以下三个方面：

第一，新三板和四板降速增质。2017年农业领域新三板挂牌上市113家，较2016年减少了114家；四板挂牌上市61家，较2016年减少了409家，均出现了较大的市场回落。2017年农业板块一直处于低配状态，在土地、劳动力要素压力趋势性增加背景下，通过聚焦中央1号文件，不断推进农业供给侧结构性改革和农业绿色发展，提升农产品的有效供给，才能更好地助力农业板块的发展。通过完善信息披露监管制度、加强分层制度、改革交易制度、修改挂牌制度等为市场带来重大的提振作用，通过降速增质，减少不合格的企业，提高上市企业挂牌要求、规范上市企业的行为，为同类企业形成良好的示范效应，进一步推动农业领域上市企业的发展。

第二，易于实现商业价值的农产品加工行业依然是资本市场青睐的重点。2017年，农产品及食品加工企业在农业领域上市企业、农业IPO上市企业以及新三板上市企业中占比分别为47%、39%和50%。种植业、林业等传统农业产业技术改造和创新难度大、投资回报周期长、自然风险大等内生特征，依然是阻碍其融资的难题。但发展农业是个长期的过程，只要高度融合科技、创新、发展，突破农业行业自身局限，农业行业将获得巨大的投资空间。

第三，中西部地区仍需借力资本市场不断提升。2017年中西部地区在农业领域新三板和四板挂牌的企业占比分别为47%和33%，仍面临着增长率较慢、效率不高的问题。中西部地区的农业企业发展，应强调特色化、标准化、科技化，加大引资力度，输入高水平人才，弥补企业短板，借助资本市场的活跃资金流来提升企业的盈利能力。

4

中国农业产业并购情况

4.1 中国产业股权并购总体情况

4.1.1 交易趋势及规模

2017 年，我国经济持续平稳增长，产业结构转型升级加快，产业并购交易增长平稳，全年完成并购案例数 3 540 起，实现交易金额 2 405.41 亿美元。与 2016 年相比，2017 年我国并购案例数量同比增长 12.31%，实现交易金额同比增长 2.33%（见图 4–1）。

图 4–1 2008~2017 年中国企业并购案例数量及金额

数据来源：私募通，西部发展研究院整理，2018 年 9 月。

4.1.2 国内并购 VS 跨国并购

（1）并购案例数

近三十几年，我国经济总量快速增长，企业的经营能力与实力得到了显著提升。企业通过并购整合来市场上的优质资源已经成为企业经营战略的新常态。整体来看，国内并购与跨国并购案例均呈现增长趋势。但相对而言，国内并购案例增长速度要远高于跨国并购。特别是近十年间，国内并购案例数呈现增长态势。2008~2017 年，国内并购案例数从 109 起增长到 3 356 起，跨国并购案例数从 33 起增长到 184 起（见图 4–2）。

图 4–2 2008~2017 年国内并购和跨国并购案例数变化图

数据来源：私募通，西部发展研究院整理，2018 年 9 月。

（2）并购金额

2008~2017 年，我国并购交易金额呈现整体上涨趋势。2017 年与 2016 年比较，国内并购金额有所下降，跨国并购金额增幅较大。2008~2016 年，国内并购金额从 236.42 亿美元增长到 1 939.15 亿美元，2017 年回落至 1 657.12 亿美元，较 2016 年减少 14.54%，呈减弱态势；而跨国并购金额继续回升，2017 年较 2016 年增长 86.32%（见图 4–3）。

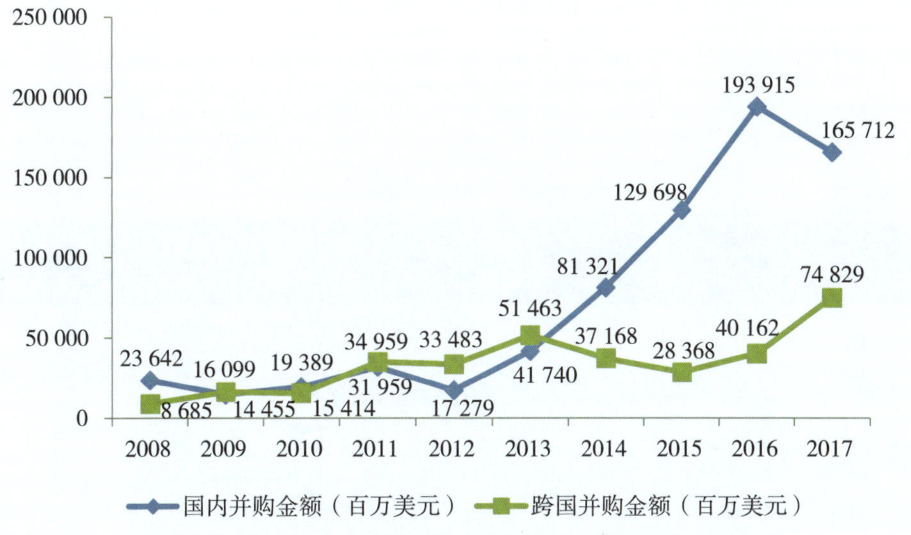

图 4-3 2008~2017 年国内并购和跨国并购金额情况变化图

数据来源：私募通，西部发展研究院整理，2018 年 9 月。

4.1.3 行业分布

从并购交易数量来看，2017 年我国企业共完成并购交易 3 554 起（除去关联交易和未完成交易）。其中，机械制造，IT，生物技术、医疗健康完成并购案例数位列前三，分别为 436 起、407 起和 305 起，占比分别为 12.27%、11.45% 和 8.58%（见表 4-1）。

从已披露的并购金额来看，2017 年我国全年实现并购金额为 2 476.40 亿美元。其中，化工原料及加工、金融和房地产行业的并购交易金额大幅领先其他行业。化工原料及加工并购金额为 481.63 亿美元，占比为 19.45%；金融业的并购金额为 353.55 亿美元，占比 14.28%；房地产行业并购金额为 232.39 亿美元，占比为 9.38%（见表 4-1）。

从已披露的信息来看，2017 年我国农业领域已完成并购案例 157 起，已披露金额案例数 131 起，并购金额 487.55 亿美元（详见附录 6）。农业领域的并购案例主要分布于化工原料及加工行业，食品和饮料及农、林、牧、渔业。其中，化工原料及加工行业已完成的并购案例 187 起，已公开披露交易金额的案例 158 起，交易金额达到 481.63 亿美元；食品和饮料行业已完成的并购案例 62 起，已公开披露交易金额的案例 54 起，交易金额达到 16.95 亿美元；农、林、牧、渔行业已完成并购案例 70 起，已公开披露交易金额的案例 57 起，交易金额达到 33.36 亿美元（见表 4–1）。

表 4–1　　2017 年中国产业并购案例行业分布情况

行业	案例数（总）	比例（%）	案例数（已披露金额）	并购金额（百万美元）	比例（%）	平均并购金额（百万美元）
机械制造	436	12.27	365	18 273.07	7.38	50.06
IT	407	11.45	327	7 079.55	2.86	21.65
生物技术、医疗健康	305	8.58	261	14 177.18	5.72	54.32
金融	235	6.61	194	35 355.35	14.28	182.24
其他	217	6.11	168	16 202.67	6.54	96.45
电子及光电设备	204	5.74	168	9 986.02	4.03	59.44
化工原料及加工	187	5.26	158	48 163.35	19.45	304.83
清洁技术	176	4.95	159	5 392.60	2.18	33.92
能源及矿产	167	4.70	132	8 659.45	3.50	65.60
房地产	164	4.61	137	23 239.09	9.38	169.63
连锁及零售	161	4.53	133	7 020.54	2.83	52.79
建筑、工程	145	4.08	113	6 448.43	2.60	57.07
娱乐传媒	117	3.29	93	3 325.50	1.34	35.76
互联网	116	3.26	94	6 237.06	2.52	66.35
汽车	107	3.01	94	18 312.99	7.40	194.82
电信及增值业务	84	2.36	68	4 061.90	1.64	59.73
农、林、牧、渔	70	1.97	57	3 336.38	1.35	58.53
食品和饮料	62	1.74	54	1 695.39	0.68	31.40
物流	45	1.27	39	5 698.99	2.30	146.13
其他制造业	43	1.21	40	766.86	0.31	19.17
教育与培训	30	0.84	24	578.15	0.23	24.09
纺织及服装	25	0.70	21	2 771.43	1.12	131.97
租赁和商务服务业	25	0.70	22	346.97	0.14	15.77
半导体	11	0.31	10	342.63	0.14	34.26

续表

行业	案例数（总）	比例（%）	案例数（已披露金额）	并购金额（百万美元）	比例（%）	平均并购金额（百万美元）
科学研究、技术服务和地质勘查业	8	0.23	7	34.26	0.01	4.89
文化、体育和娱乐业	5	0.14	5	67.02	0.03	13.40
广播电视及数字电视	2	0.06	2	67.11	0.03	33.56
合计	3 554	100	2 945	247 639.96	100	84.09

数据来源：私募通，西部发展研究院整理，2018 年 9 月。

注：本表数据不包括关联方交易和未完成交易案例。

4.2 中国农业产业股权并购情况

4.2.1 总体情况

2017 年，农业领域并购市场呈现较大幅度增长趋势，农业领域共完成并购案例 157 起，从数量上看，比 2016 年的 107 起增长 46.73%；并购交易金额达到 487.55 亿美元，2016 年的并购交易金额为 53.57 亿美元，相比较之下 2017 年并购交易金额大幅上涨了 8.10 倍。

4.2.2 二级行业分布

（1）并购案例数

2017 年，我国农业领域完成并购交易的 157 起案例，主要分布于农、林、牧、渔业，农产品及食品加工和农资行业。其中，农产品及食品加工行业发生并购案例 64 起，占比为 40.76%；其次是农业（种植业），发生并购案例 28 起，占比为 17.83%；再次是畜牧业和农资分别完成并购案例 25 起，占农业领域并购案例总数的 15.92%；（见图 4–4 和表 4–2）。

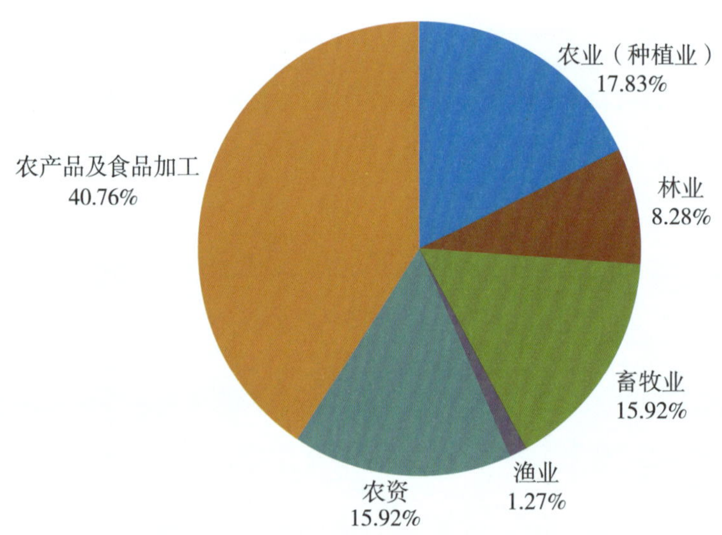

图 4-4　2017 年中国农业产业并购案例数二级行业分布图

数据来源：私募通，西部发展研究院整理，2018 年 9 月。

表 4-2　　2017 年中国农业产业并购案例二级行业分布情况

行业	农业（种植业）	林业	畜牧业	渔业	农资	农产品及食品加工	总计
并购案例数（起）	28	13	25	2	25	64	157

数据来源：私募通，西部发展研究院整理，2018 年 9 月。

（2）并购金额

2017 年，我国农业领域已经披露并购案例的交易总额为 487.55 亿美元。按披露并购金额由多至少排序，二级行业顺次为农资行业、农产品及食品加工行业、畜牧业、农业（种植业）、林业、渔业和其他。值得注意的是，农资并购案例数占比仅为 15.92%，但交易金额占比却达到 89.68%；农产品及食品加工并购案例数占比为 40.76%，交易金额占比却只有 9.11%（见表 4-3 和图 4-5）。

表 4-3　　2017 年农业领域并购交易金额二级市场分布情况

行业	农业（种植业）	林业	畜牧业	渔业	农资	农产品及食品加工	其他	总计
并购金额（百万美元）	151.87	100.24	316.46	22.26	43 723.06	4 440.94	0	48 754.83

数据来源：私募通，西部发展研究院整理，2018 年 9 月。

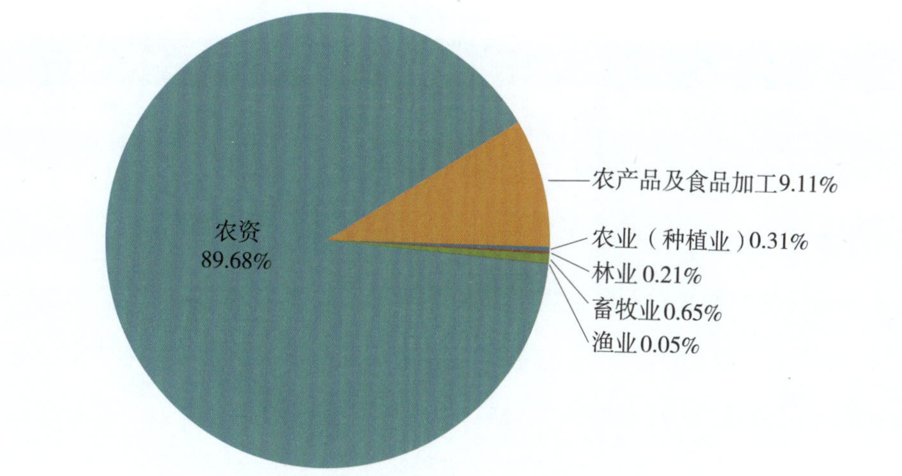

图 4-5 2017 年农业领域并购交易金额二级市场分布图

数据来源：私募通，西部发展研究院整理，2018 年 9 月。

4.2.3 国内并购 VS 跨国并购

（1）并购案例数

2017 年，中国农业领域并购主要以国内并购为主。国内并购案例共有 148 起，占比为 94.27%；跨国并购案例仅有 9 起，占比 5.73%（见图 4-6 和表 4-4）。

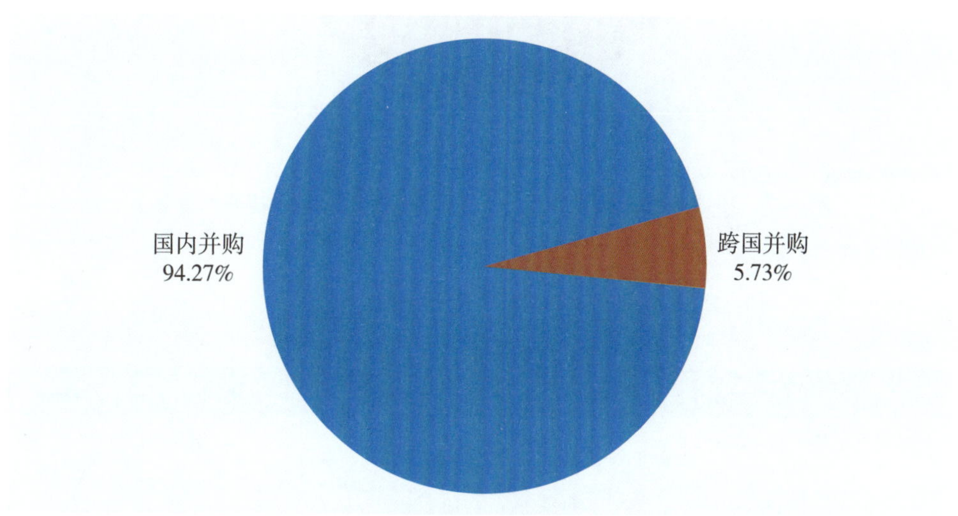

图 4-6 2017 年农业领域国内并购与跨国并购对比图（按并购案例数）

数据来源：私募通，西部发展研究院整理，2018 年 9 月。

表 4-4　　2017 年农业领域国内并与跨国并购(按并购案例数)

	国内并购	跨国并购
并购案例数（起）	148	9

数据来源：私募通，西部发展研究院整理，2018 年 9 月。

（2）交易金额

从并购交易金额来看，已披露交易金额的国内并购案例数为 124 家，交易金额为 25.93 亿美元，占比仅为 5%；已披露交易金额的跨国并购案例数为 7 家，交易金额为 461.62 亿美元，占比却达到了 95%（见图 4-7 和表 4-5）。

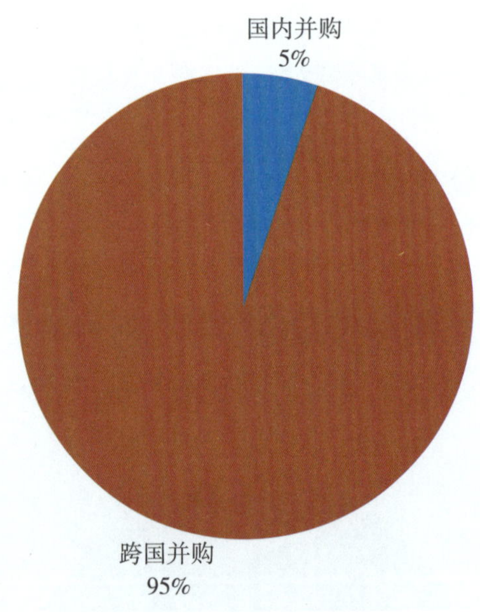

图 4-7　2017 年农业领域国内并购与跨国并购对比图（按并购金额）

数据来源：私募通，西部发展研究院整理，2018 年 9 月。

表 4-5　　2017 年农业领域国内并购与跨国并购金额

	国内并购	跨国并购
并购交易金额（百万美元）	2 593.08	46 161.75

数据来源：私募通，西部发展研究院整理，2018 年 9 月。

4.2.4 VC/PE 支持情况

（1）并购案例数

2017 年，农业领域共有 53 起并购案例得到了 VC/PE 的支持，占所有并购案例总数的 33.76%；其余 104 起并购案例未得到 VC/PE 的支持，占比为 66.24%。与 2016 年 23.36% 的 VC/PE 支持率相比，2017 年农业领域获得 VC/PE 支持的力度有所增加（见图 4–8 和表 4–6）。

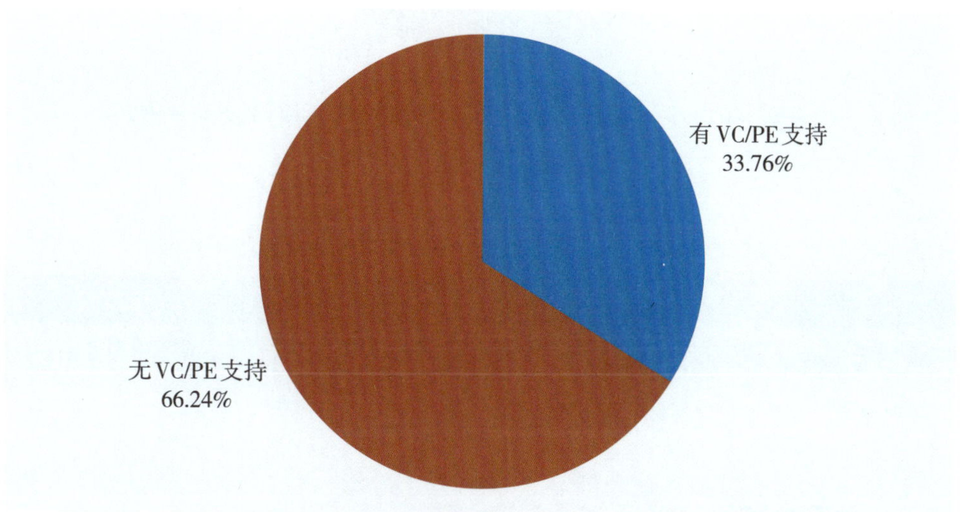

图 4–8　2017 年 VC/PE 对农业领域并购的支持状况图（按并购案例数）

数据来源：私募通，西部发展研究院整理，2018 年 9 月。

表 4–6　2017 年 VC/PE 对农业领域并购的支持状况

	有 VC/PE 支持	无 VC/PE 支持
并购案例数（起）	53	104

数据来源：私募通，西部发展研究院整理，2018 年 9 月。

（2）交易金额

从披露的交易金额来看，得到 VC/PE 支持的 53 起并购案例实现的交易金额为 11.24 亿美元，占已披露交易金额总数的 2.31%，2016 年得到 VC/PE 支持的 25 起并购案例实现交易金额 30.02 亿美元，2017 年相比较 2016 年有大幅下降；其余 104 起并购案例实现的交易金额为 476.30 亿美元，占比为 97.69%（见图 4–9 和表 4–7）。

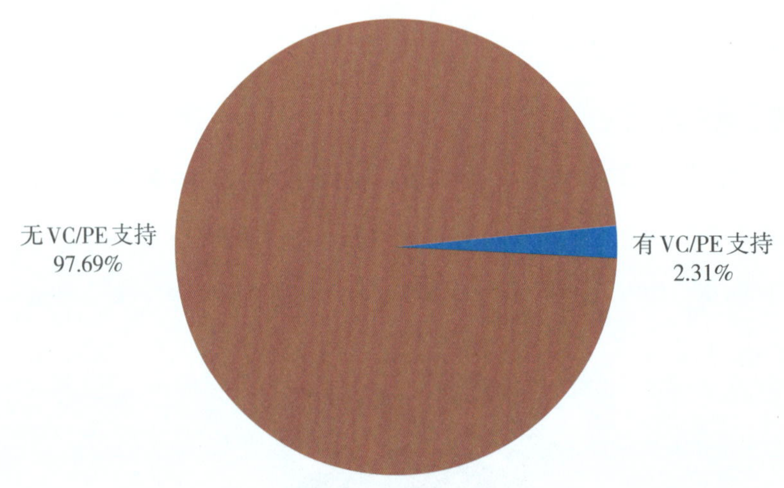

图 4-9　2017 年 VC/PE 对农业领域并购的支持状况图（按并购金额）

数据来源：私募通，西部发展研究院整理，2018 年 9 月。

表 4-7　　2017 年 VC/PE 对农业领域并购的支持状况（按并购金额）

	有 VC/PE 支持	无 VC/PE 支持
并购交易金额（百万美元）	1 124.42	47 630.41

数据来源：私募通，西部发展研究院整理，2018 年 9 月。

4.2.5　地区分布

（1）并购案例数

按被并购方地区口径划分，2017 年 148 起国内并购案例中，东部地区有 78 起，中部地区有 39 起，西部地区有 31 起。东部、中部和西部地区国内并购案例数与 2016 年比较均有所增加（见表 4-8）。

表 4-8　　2017 年农业领域并购案例地区分布（按被并购方）

	案例数（个）	占比（%）
东部	78	52.72
中部	39	26.36
西部	31	20.96
合计	148	100

数据来源：私募通，西部发展研究院整理，2018 年 9 月。

（2）交易金额

从已实现并购交易金额（除香港地区，因企业未公布交易金额）来看，东部地区交易金额为 10.61 亿美元，占比 40.94%；中部地区交易金额为 7.15 亿美元，占比 27.59%；西部地区交易金额为 8.16 亿美元，占比 31.47%，西部地区并购交易金额与 2016 年相比较大幅减少（见表 4–9）。

表 4–9　2017 年农业领域并购交易金额的地区分布

	并购交易金额（百万美元）	占比（%）
东部	1 061.48	40.94
中部	715.46	27.59
西部	816.14	31.47
合计	2 593.08	100

数据来源：私募通，西部发展研究院整理，2018 年 9 月。

4.3 中国产业资产并购情况

2017 年，我国全年完成资产并购案例数 806 起，已披露金额的并购案例数为 782 起，实现交易金额 761.14 亿美元。我国农业领域并购市场共完成并购案例 5 起，已披露金额的并购案例数为 4 起，并购交易金额为 3.28 亿美元，出售方上市企业并购案例数为 4 起，未上市企业为 1 起，但 5 起均未获得 VC/PE 机构支持。其中，从数量上来看，农产品及食品加工行业所在比重最大，达到 40%；从资产并购金额来看，农资行业所占比重最大，达到 67.23%（见表 4–10）。

表 4–10　2017 年农业领域资产并购交易情况

收购方	出售方	行业	地区	结束时间	交易金额（百万）	币种	是否上市	是否 VC/PE 支持
贝因美	Fonterra	农产品及食品加工	浙江省	2017–10–19	420.7	AUD	否	否
合肥政投	丰乐种业	农业	合肥市	2017–09–30	125.32	RMB	是	否

续表

收购方	出售方	行业	地区	结束时间	交易金额（百万）	币种	是否上市	是否 VC/PE 支持
建峰集团	重药控股	农资	重庆市	2017-08-30	1 486.79	RMB	是	否
中粮糖业	梁河力量	农产品及食品加工	德宏傣族景颇族自治州	2017-08-17	178.64	RMB	是	否
升达集团	升达林业	林业	成都市	2017-05-03	N/A	N/A	是	否

数据来源：私募通，西部发展研究院整理，2018 年 9 月。

4.4 农业领域并购整体表现与市场展望

4.4.1 整体表现

2017 年，农业产业并购市场表现活跃。全年完成股权并购案例 157 起，并购金额 487.55 亿美元，与 2016 年相比，股权并购案例数增加了 46.73%，股权并购金额大幅增长 8.10 倍；全年完成资产并购案例 5 起，资产并购金额 3.28 亿美元。

从二级行业分布来看，在并购案例数方面，股权并购和资产并购、资本投资的主要行业均是农产品及食品加工，分别占比为 40.76% 和 40%，但是在并购金额方面，股权并购和资产并购、资本投资的主要行业均是农资行业，分别占比为 89.68% 和 67.23%，其中农资股权并购金额增加最为显著，较 2016 年增长 13.33 倍。

从机构支持方面来看，VC/PE 等投资机构对农业股权并购的支持比率有小幅增加，从 2016 年的 23.36% 增加到 2017 年的 33.76%，但并购交易金额显著下降。

从是否为跨国交易来看，跨国股权并购案例数有所增加，股权并购金额大幅增加。在并购案例数方面，国内股权并购仍是主体，占比 94.27%，但是在并购金额方面，跨国股权并购才是真正霸主，占比达到 95%。

从地区分布来看，国内农业产业股权并购交易主要地区发生在东部地区，不论是案例数还是披露的并购交易金额，东部地区都是主要贡献者，占比分别达到 52.72% 和 40.94%。

4.4.2 市场展望

随着乡村振兴战略推进和现代化经济体系的筹建，农业领域在稳步推进的趋势下，农业产业与企业存在更大的发展空间，并购市场预计将涌现新型并购热点，推动整个农业领域向前发展。

在现代产业体系和大数据产业的带动下，农业领域将步入一个新的阶段，市场主要驱动力不仅是来自于需求侧方面，还包括供给侧各个链条环节的升级、市场开放程度和国际关系带来的国际机会和威胁，由此带来农业领域产业发展趋向于多元化和丰富化，这为产业并购带来机遇，也带来挑战。

5

投资热点分析

2017 年是全面落实“十三五”规划的重要一年，是农业供给侧结构性改革的深化之年。“田园综合体”“农业产业化联合体”等新兴产业发展模式的形成与推进，为我国农业创新发展注入了新动能。随着政策扶持力度不断加大，以产业化、规模化、标准化为突出特点的现代农业产业愈发受到投资者的青睐。2017 年农业领域的资本操作除了集中在种植业、畜牧业及农产品加工业等传统行业外，也向农村电商等行业有所倾斜，休闲农业与乡村旅游业的迅速发展开辟了农业投资新空间，成为本年度新的投资热点。

5.1 投资领域分析

5.1.1 农业种植业

种植业作为我国农业生产的基础产业，承载着保障粮食安全与工业生产原料有效供给的双重使命。十几年来，我国粮食产量稳中向好的发展态势为农业经济发展提供了有力支撑。随着我国经济社会步入高质量发展阶段，种植业发展的主要矛盾已由总量不足转变为结构性矛盾，资源环境约束压力逐渐增大、农产品供给与需求结构错位等问题给种植业发展带来了更大的挑战，种植业发展进入了迫切需要深化供给侧结构性改革的关键时期。

为推行绿色生产方式，提高种植业供给体系质量与效率，国家连续出台了一系列宏观指导政策。2017 年 1 月，农业部印发《关于 2017 年农业品牌推进年工作的通知》，提出要以创新为动力，以市场需求为导向，以提高农业质量效益与竞争力为中心，培育一批具有较高知名度、美誉度和较强市场竞争力的农产品品牌。2 月，国务院发布《关于深入推进农业供给侧结构性改革，加快培育农业农村发展新动能的若干意见》，强调要加快构建粮饲经协调发展的种植结构，全面提升农产品质量与食品安全水平，增加绿色优质产品供给。当月，农业部印发《开展果菜茶有机肥替代化肥行动方案》，要求在柑橘、苹果、茶叶、设施蔬菜四大类经济作物及其主产区实施有机肥替代化肥行动，并提出到2020年，实现果菜茶优势产区化肥用量减少20%以上，果菜茶核心产区和知名品牌生产基地化肥用量减少50%以上的目标。

2017年，我国对种植业粮经饲协调、品种结构协调、生产生态协调、用地养地结合等方面进行了调整，种植产业呈现出调优调精的发展态势。产品供给方面，粮食生产总量达到6 179亿公斤，成为我国历史上的第二高产年，13个粮食主产区粮食产量占全国比重提高至76.2%，新疆棉花产量占全国比重提高至74.4%，生产力布局与资源禀赋匹配度逐步提高。籽粒玉米等库存量较大的农产品供需矛盾得到进一步缓解，大豆、强筋弱筋小麦等短缺品种与绿色优质产品供给增加。产品质量方面，在粮食及果菜茶的优势产区，依托新型经营主体和产业化龙头企业，不断推广绿色防控化技术模式，打造了一批特色优质农产品生产基地，全国农产品质量安全例行检测总体合格率达到97.8%，涌现出一批品质好、占有率高的特色农产品品牌。通过持续推进化肥农药减量增效，化肥农药使用量已提前3年实现零增长目标。据统计，全国主要农作物病虫害绿色防控面积为5.5亿亩，防控覆盖率达27.2%，较2016年提高2个百分点。

参照私募通投资事件数据库，2017年，我国农业产业共有20余家农产品种植企业获得投资，涉及投资金额约为1.52亿美元，投资额度较上年有所下降。本报告精选农业种植业获得投资规模排名靠前的七河生物、福慧达与杨氏果业进行案例说明。

（1）案例一：七河生物

表5-1 “七河生物”相关数据

投资时间	投资方	被投公司	主营行业	投资金额（百万元）	持股比例	投资轮次	投资阶段
2017-02	安徽鼎信创业基金	七河生物	农业种植业	20	3.48%	新三板定增	成熟期
	东方汇富			20	0.04%		

数据来源：私募通，西部发展研究院整理，2018年9月。

2017 年 2 月，安徽鼎信创业投资有限公司、东方汇富投资控股有限公司投资山东七河生物科技股份有限公司 4 000 万元，占股 3.52%。

山东七河生物科技股份有限公司，成立于 2000 年，注册资金 4 785.52 万元，位于淄博市淄川经济开发区，主要从事食用菌研发、生产、示范、推广、加工、销售、出口业务，是省级农业产业化重点龙头企业，山东省食用菌行业十大龙头企业，并先后被评为“国家级蔬菜标准园”“国家农业标准化示范区”“山东省农村信息化推广应用示范单位”等。

目前，公司拥有占地 1 500 余亩的食用菌生产基地，建有香菇日光温室 500 余栋，香菇工厂化生产车间 30 000 平方米，杏鲍菇生产车间 35 000 平方米。公司年产香菇菌棒 4 000 万棒，出口韩国、日本、美国、德国、加拿大等国家，年出口创汇 2 000 万美元；日产杏鲍菇 30 吨，国内销往青岛、济南、石家庄、天津、北京等各大超市及批发市场。

公司现有员工 800 人。其中，技术人员 45 人；高级职称人员 15 人，中级职称人员 20 人；拥有大专及以上学历 50 余人，本科及以上学历 25 人，硕士研究生 10 人。员工队伍稳定且年富力强。公司成立了菌种生产研发中心，还与山东省农科院、山东农业大学、青岛农业大学等院校建立合作关系，采取自主研发、引进吸收、产学研共建等方式，聘请高层次专家和教授，保障企业技术水平在同行业中的领先地位。

（2）案例二：福慧达

表 5–2 “福慧达”相关数据

投资时间	投资方	被投公司	主营行业	投资金额（百万元）	持股比例	投资轮次	投资阶段
2017–05	向日葵朝阳投资	福慧达	农业种植业	30	2.13%	新三板定增	成熟期
	中泰齐东			20.35	1.45%		
	海通开元			10	0.71%		
2017–09	东方汇富			19.38	1.52%	D	

数据来源：私募通，西部发展研究院整理，2018 年 9 月。

2017 年 5 月，深圳市向日葵朝阳投资合伙企业（有限合伙）、威海市中泰齐东投资中心（有限合伙）、海通开元投资有限公司投资厦门福慧达果蔬股份有限公司6 035万元，占股4.29%。2017年9月，东方汇富投资控股有限公司投资厦门福慧达果蔬股份有限公司1 938万元，占股1.52%。

厦门福慧达果蔬股份有限公司前身为厦门福慧达果蔬供应链有限公司，创立于1998年，总部设在厦门，专业从事果蔬现代化供应链管理和服务，在福建、湖南、广西、浙江、海南、新疆等地设立多家全资子公司及物流中心，业务网络遍布全球30多个国家和地区。

作为果蔬供应链的管理者与服务商，福慧达依托自身物流中心及完善的果蔬营销网络，采用“公司+合作社+基地”的产业化经营模式，充分发挥农产品产后商品化处理、物流配送、专业化营销及参与指导农户种植的专业优势，全力打造从种植端到销售端（内销、出口）的全过程供应链管理服务体系，实现从产地到零售终端、从田园到餐桌的一体化服务，确保农产品质量安全。

福慧达全过程供应链管理服务体系包括果蔬种植、采收、加工、包装、仓储、海运、陆运、冷冻、冷藏以及定仓、进出口报关、代理进出口国际结算等，全力为种植者、农民合作社、包装厂、国内外进出口商、批发商、零售商提供专业化指导与服务。

（3）案例三：杨氏果业

表5–3　“杨氏果业”相关数据

投资时间	投资方	被投公司	主营行业	投资金额（百万元）	持股比例	投资轮次	投资阶段
2017–12	央企贫困地区基金	杨氏果业	农业种植业	150	—	新三板定增	成熟期
	农业产业发展			100			
	东方邦信创投			200			

数据来源：私募通，西部发展研究院整理，2018年9月。

2017年12月，中央企业贫困地区产业投资基金股份有限公司、中国农业产业发展基金有限公司、东方邦信创业投资有限公司联合投资江西杨氏果业股份有限公司4.5亿元。

江西杨氏果业股份有限公司是中国成立最早及南方水果商品化处理最专业的企

业之一。公司始创于1983年，通过不断探索中国农业标准化、品牌化、专业化的产业发展路径，从收贮、加工、贸易型企业发展成现今拥有三万多亩果园种植基地、亚洲最大的水果商品化处理物流中心、国际先进的鲜果商品化处理设备和鲜果贮存保鲜发明专利的产学研相结合现代化农业龙头企业。

公司先后在四川建立了2万多亩现代化种植基地，包括四川阆中的柑橘种植基地和四川苍溪猕猴桃种植基地，在湖南石门建立了1万亩柑橘种植基地，均执行GLOBAL GAP标准、中国绿色食品标准管理体系，实行标准化、机械化管理。从气候环境、土地改良、品种选择、施肥浇水、育苗管理都有科学量化标准，为果树营造最适宜的、可持续发展的生长环境，实现水果的品质提升，保障食品风味独特、安全健康。

5.1.2 畜牧业

畜牧业在农业产业中发挥着承前启后的重要作用，是促进我国经济可持续发展的关键产业。伴随着全球消费升级与消费细分，我国畜牧业发展环境正发生深刻变化，养殖成本不断攀高、国内国际农产品价格倒挂、环保压力日益增大等问题亟须解决，传统落后的经营方式不再适应畜牧业的发展。中央明确提出要加快推进畜牧业转型升级、优化畜牧业供给结构、推动畜牧业高质量发展，让畜牧业在农业生产中率先实现现代化，高质、高效、绿色可持续发展成为现代畜牧业发展的主基调。

在这样的背景下，国家采取了一系列政策措施指导畜牧业健康有序发展。2017年1月，农业部、国家发展和改革委员会、工业和信息化部、商务部、食品药品监管总局联合印发《全国奶业发展规划（2016—2020年）》，从我国奶业的供给能力、质量安全水平、产业素质等方面制定了明确的发展目标，要求到2020年，奶业现代化建设需取得明显进展，现代质量监管体系、产业体系、生产体系、经营体系、支持保障体系应更加健全。2017年7月，农业部公布《畜禽粪污资源化利用行动方案（2017—2020年）》，提出要大力推进畜禽养殖废弃物资源化利用，加快畜牧业转型升级，构建种养加一体、农牧循环的可持续发展新格局。同年8月，农业部印发《关于加快东北粮食主产区现代畜牧业发展的指导意见》，提出到2020年，东北地区要实现肉类产量占全国总产量的 15% 以上的生产目标。

上述政策措施的实施，为现代畜牧业发展创造了良好的宏观政策环境，2017 年，随着标准化、规模化养殖的快速发展，我国畜禽养殖规模化率达到 58% 左右。在生态环保与科学技术的驱动下，畜禽养殖废弃物综合利用率达到 60% 以上，生产布局调整速度不断加快，生猪养殖北移西进，蛋鸡养殖东扩南下，水网地区生猪饲养密度有效纾解，南方长距离调运鸡蛋的情况有所改善。本年度，全国肉类总产量 8 546.8 万吨，比上年增长 0.8%。其中，猪肉产量 5 340 万吨，增长 0.8%；牛肉产量 726 万吨，增长 1.3%；羊肉产量 468 万吨，增长 1.8%；禽肉产量 1 897 万吨，增长 0.5%。禽蛋产量 3 070 万吨，下降 0.8%。牛奶产量 3 545 万吨，下降 1.6%。

在供给侧结构性改革的大背景下，我国畜牧业投资增速明显提高。私募通投资事件数据库显示，2017 年我国农业产业共有 20 多家畜牧业企业获得投资，涉及投资金额约 10.90 亿美元。本报告精选畜牧业获得投资规模较大的民正农牧、鑫广安农牧与天康生物进行案例说明。

（1）案例一：民正农牧

表 5-4 “民正农牧”相关数据

投资时间	投资方	被投公司	主营行业	投资金额（百万元）	持股比例	投资轮次	投资阶段
2017-08	央企扶贫基金河南开发子基金	民正农牧	畜牧业	64	8.74%	新三板定增	扩张期
	农开现代农业产业基金			36.80	5.03%		
	济南昆盈投资中心			12	1.64%		
	和信证券投资顾问			4	0.55%		

数据来源：私募通，西部发展研究院整理，2018 年 9 月。

2017 年 8 月，中央企业贫困地区河南产业投资基金（有限合伙）、河南农开现代农业产业基金（有限合伙）、济南昆盈投资中心（有限合伙）和河南和信证券投资顾问股份有限公司投资河南民正农牧股份有限公司 1.17 亿元，占股 15.96%。

河南民正农牧股份有限公司位于河南省洛阳市宜阳县，现为一家新三板上市公司，是以种猪销售为主兼商品猪养殖、销售以及生态农业种植为服务范围的股份有限公司。公司斥巨资投资生态种养结合产业链，目前已种植果树近 9 万棵，实现养殖粪污科学整治，制成高效有机肥还田追肥生态果园，实现循环经济生态可持续发展道路。先后获得了河南省一级种猪场、国家级生猪标准化示范场、国家生猪储备基地、河南省农业产业化重点龙头企业、河南省无公害畜产品产地认证等诸多荣誉。

公司长期开展育种和现代化管理工作：把所有引进、生产的种猪用 B 型超声波进行背膘的测量，采用先进的美国全自动种猪生产性能测定系统，建立、健全种猪的基础档案，实施全自动数字动态监控系统；采用世界上先进的 GBS 育种系统开展育种选育工作，实行大群测定，所有公猪都经测定、调教后分级出售。目前，公司繁育的优质种猪先后销售到河南、山西、安徽、山东等国内众多省份，“民正”种猪以其优良的生产性能，良好的售前、售中、售后服务已被广大客户认可，已成为国内知名种猪品牌。

（2）案例二：鑫广安农牧

表 5–5　“鑫广安农牧”相关数据

投资时间	投资方	被投公司	主营行业	投资金额（百万元）	持股比例	投资轮次	投资阶段
2017–09	湘江海捷股份投资基金	鑫广安农牧	畜牧业	100	0.08%	C	成熟期

数据来源：私募通，西部发展研究院整理，2018 年 9 月。

2017 年 9 月，湖南湘江海捷股权投资合伙企业（有限合伙）投资湖南鑫广安农牧股份有限公司 1 亿元，持股比例为 0.08%。

湖南鑫广安农牧股份有限公司，成立于 1996 年 10 月，是集生猪养殖、饲料、兽药、有机肥生产和销售为一体的大型农牧企业。公司目前已通过 ISO9001：2000 国际质量管理体系、兽药 GMP、饲料安全 HACCP 三大国际认证；拥有国家级生猪核心育种场，是湖南省农业产业化龙头企业，被农业部评为“农产品加工企业技术创新机构”；是湖南省实施“5255”工程，承担“销售收入过 50 亿元”的企业。

在生猪养殖方面，公司与全球最大的种猪改良公司 PIC 深度合作，在湖南省畜牧兽医研究所养猪研究室的协助下，着力创建国内一流的 PIC 生猪生产体系，目前在广西武宣的鑫广安 PIC 原种猪场，在近 5 年持续保持 7 项疫病全阴性的高健康水平。在养殖模式方面，通过建设 1 个存栏能繁母猪 1 万头的大型母猪生产场和 27 个年出栏 1.1 万头的单体育肥点，将传统的小而全生猪生产线改为封闭、分段饲养母猪和育肥猪的两点式、全进全出生猪生产模式，不仅保证了生产性能的高效，而且大大降低了建设、劳动力成本，减少了土地使用及环保的压力，带来了全新的养猪理念。

在环境保护方面，鑫广安投入重金打造生猪养殖过程中的生态保护体系，实现节能减排。在养殖过程中的污水、猪粪乃至死猪等都经过科学无害化的处理，确保不对猪场内外部环境造成影响。在养殖过程中鑫广安秉持循环经济的理念，以养殖猪粪为主原料精制有机生物肥，目前年生产能力已达 5 万吨。

（3）案例三：天康生物

表 5–6　“天康生物”相关数据

投资时间	投资方	被投公司	主营行业	投资金额（百万元）	持股比例	投资轮次	投资阶段
2017–11	融元宝通	天康生物	畜牧业	1 339	15.79%	A	—

数据来源：私募通，西部发展研究院整理，2018 年 9 月。

2017 年 11 月，北京融元宝通资产管理合伙企业（有限合伙）投资天康生物股份有限公司 13.39 亿元，占股 15.79%。

天康生物是一家集兽用生物制品与动物疫病防治、现代生猪科学育种与养殖、饲料研发与生产、生猪屠宰加工配售为一体的农牧类上市公司，是首批农业产业化国家重点龙头企业，1993 年成立至今，历经 20 余年的发展，实现了现代畜牧业畜禽良种繁育、饲料与饲养管理、动物药品及疫病防治与畜产品加工配售 4 个关键环节的完整闭合。

天康生物业务涉及生物制药、饲料、蛋白油脂、食品养殖四大板块，目前是已拥有 30 万头生猪繁育基地、150 万吨饲料加工基地、60 亿毫升（头份）兽用生物疫苗生产基地、100 万头生猪屠宰及肉食品加工基地、60 多个天康放心肉连锁及专卖店（柜）、50 万吨油脂与植物蛋白生产线的大型现代化农牧企业集团。

5.1.3 农产品加工业

农产品加工业在我国国民经济与社会发展中占有举足轻重的地位，是农业生产中不可缺少的重要组成部分。大力推进农产品加工业多种业态发展，着力构建全产业链与全价值链，是促进农业提质增效、农民就业增收与三次产业融合发展的重要渠道。

为促进农村三次产业融合发展、提高农产品加工业生产经营效益，2017 年，国家发展和改革委员会等相关部委印发《国家农村产业融合发展示范园创建工作方案》，提出到 2020 年力争建成 300 个融合特色鲜明、产业集聚发展、利益联结紧密、配套服务完善、组织管理高效、示范作用显著的农村产业融合发展示范园。同时，农村三次产业融合发展补助政策进一步支持贫困地区产地初加工设施建设，全年共安排资金约 3.2 亿元，建设农产品产地初加工设施 984 座，新增果蔬贮藏能力 5.4 万吨、果树烘干能力 1.6 万吨、马铃薯储藏能力 1.9 万吨。各地始终贯彻落实《国务院办公厅关于进一步促进农产品加工业发展的意见》，推动财政奖补、融资服务、税收优惠、企业上市、增设保险等政策落地生效。截至 2017 年年底，已有 14 个省（区、市）出台了地方意见，20 个省（区、市）设立了专门机构。

在相关政策的支持下，我国农产品加工业取得长足发展。我国农产品加工业总体呈现出发展增速稳步回升、质量效益持续改善、供给结构继续优化、出口贸易恢复增长的趋势。相关数据显示，2017 年，我国规模以上农产品加工业实现利润总额 1.3 万亿元，同比增长 7.4%，农产品加工业主营业务收入利润率为 6.7%。全国小麦粉、大米、精制食用植物油等主要加工农产品产量均稳步提升，且产量向优势地区进一步集中。规模以上农产品加工业完成出口交货值 10 980 亿元，同比增长 7.1%，主要食品行业商品累计出口总额 518 亿美元，同比增长 5.4%。

随着团餐和外卖等餐饮消费需求不断增长，中央厨房形式的加工企业快速兴起，并涌现出了餐店自供型、门店直供型、商超销售型、团餐服务型、旅行专供型、在线平台型、代工生产型、特色产品型和配料加工型等不同模式的加工企业，进一步推动了主食加工业的发展。

借助利好政策，我国农产品加工业迎来了新一轮发展机遇，私募通投资事件数据库显示，2017 年我国农业产业有 60 余家农产品加工企业获得投资，涉及投资金额达到 14.70 亿美元。本报告精选农产品加工业获得投资规模较大的正邦科技、海南椰岛、桃李面包进行案例说明。

（1）案例一：正邦科技

表 5–7　“正邦科技”相关数据

投资时间	投资方	被投公司	主营行业	投资金额（百万元）	持股比例	投资轮次	投资阶段
2017–01	广西铁路发展基金	正邦科技	农产品加工	170	—	上市定增	成熟期
	现代种业发展基金			170			
	瑞丰基金			219			
	财通基金			555			
	平安大华基金			220			
	信诚			189			
	九泰基金			162.37			

数据来源：私募通，西部发展研究院整理，2018 年 9 月。

2017 年 1 月，广西铁路发展投资基金（有限合伙）、现代种业发展基金有限公司、北信瑞丰基金管理有限公司、财通基金管理有限公司、平安大华基金管理有限公司、信诚基金管理有限公司、九泰基金管理有限公司联合投资江西正邦科技股份有限公司 16.85 亿元。

江西正邦科技股份有限公司是正邦集团旗下公司，是农业产业化国家重点龙头企业。2007 年 8 月，江西正邦科技股份有限公司在深圳证券交易所上市，成为江西省民营企业首发上市公司。

正邦集团主营业务分为农牧业和种植业二大产业链。农牧业产业链即是猪、牛、羊、禽类、生鲜、屠宰及肉类制品深加工企业，养殖以及配套的种猪、种禽、商品猪、牛、鸡鸭饲养企业，以及各类饲料企业及饲料的添加剂、饲料的原料深加工、动物保健及生物制品、原料储蓄、销售及物流基地的项目。种植产业链即是大米产业、大米加工企业、水稻订单农业、储蓄物流企业、面粉的加工企业以及小麦的订单农业及储蓄物流企业，以茶油为切入点的食用油加工企业以及租用荒山种植油茶基地的油茶种植业，以粮油深加工的食品制造业。公司遵循集中纵向多元化的产业发展战略，利用公司积累的经济实力和技术管理能力，进一步向高附加值的产业拓展，即以饲料为基础，向下游的养殖产业延伸，实现产品多品种、系列化，逐步形成产业化和规模经济的格局。

（2）案例二：海南椰岛

表 5-8 “海南椰岛”相关数据

投资时间	投资方	被投公司	主营行业	投资金额（百万元）	持股比例	投资轮次	投资阶段
2017-11	东方君盛	海南椰岛	农产品加工	868.72	20.84%	A	成熟期

数据来源：私募通，西部发展研究院整理，2018 年 9 月。

2017 年 11 月，北京东方君盛投资管理有限公司投资海南椰岛（集团）股份有限公司 8.69 亿元，占股 20.84%。

海南椰岛（集团）股份有限公司前身为国营海口市饮料厂，建厂于 1953 年，1993 年成功进行股份制改制，2000 年在上海证券交易所上市。公司员工 1 000 多人，涉足行业包括：保健酒、白酒、食品饮料、房地产开发和贸易、投资等多个领域。其中，保健酒业是公司的核心产业，主导产品椰岛鹿龟酒、椰岛海王酒在全国享有盛誉，“椰岛”是全国驰名商标，品牌价值在行业内名列前茅。

公司多年以来坚持立足海南优质天然资源，专注健康生态食品，为保证原辅料的质量，公司实施药材到地采购，采购标准参照国家药典标准，购进的药材除了常规的感官、理化指标检测外，还对药材的安全卫生指标随机进行检测。

（3）案例三：桃李面包

表 5-9 “桃李面包”相关数据

投资时间	投资方	被投公司	主营行业	投资金额（百万元）	持股比例	投资轮次	投资阶段
2017-12	诺远资产	桃李面包	农产品加工	80	0.47%	上市定增	成熟期
	华能信托			80	0.47%		
	泰康资产管理			292	1.72%		

数据来源：私募通，西部发展研究院整理，2018 年 9 月。

2017 年 12 月 6 日，诺远资产管理有限公司、华能贵诚信托有限公司、泰康资产管理有限责任公司联合投资桃李面包股份有限公司 4.52 亿元，占股 2.66%。

桃李面包股份有限公司的前身是沈阳市桃李食品有限公司，于 1997 年 1 月 23 日在沈阳成立。该公司是一家集面包、月饼、粽子等烘焙类食品生产、销售为一体的全国知名企业。公司共拥有 14 家全资子公司，在全国已拥有 12 家专业现代化的生产基地，在东北，华北、华东、西南、西北等 12 个中心城市及周边地区建立起 4 万多个零售终端。其中包括许多大型商超，如家乐福、沃尔玛、大润发、乐购、北京华联、华润万家等。

该公司在同行业中率先通过了 ISO9001 国际质量体系认证和 ISO22000 食品安全管理体系认证。为注重产品技术研发，引进国内外先进的设备、专业的生产技术、一流的生产工艺，生产符合国际标准、让消费者满意的产品。

桃李公司的主要销售渠道为各类 A 级、B 级 KA 超市，市内连锁超市，小区超市等，另外还专门设立了网上销售平台，将传统渠道和现代网络渠道有机的整合在一起，市内 100 多辆食品送货车，可以将新鲜的食品第一时间送到客户手中。

5.1.4 “互联网 +”农业

“互联网 +”农业是一种生产方式、产业模式与经营手段的创新，通过便利化、实时化、物联化、智能化等手段，与农业的生产、经营、管理、服务等产业链环节深度融合，旨在拓展农业信息服务业务等领域，推动农业全产业链改造升级。以“互联网 +”农业作为驱动，有助于我国发展智慧农业、精细农业、高效农业、绿色农业，提高农业质量效益和竞争力，实现由传统农业向现代农业转型。

为推进“互联网 +”现代农业及农业信息化发展，2017 年 1 月，工业和信息化部发布了《物联网发展规划（2016—2020）》，提到要面向农业领域实施行业重大应用示范工程，支持物联网和农业的深度融合，促进农业领域的标准化工作，推动物联网集成和规模化应用。3 月，农业部办公厅印发《2017 年农业信息化工作要点》，提出要立足构建现代农业产业体系、生产体系、经营体系，瞄准智慧农业建设的主攻方向，着力加强农业信息基础设施建设，着力提升农业信息技术创新应用能力，着力完善农业信息服务体系，加快推进农业生产智能化、经营网络化、管理数据化、服务在线化，全面提高农业农村信息化水平。5 月，财政部、商务部、国务院扶贫办印发《关于开展 2017 年电子商务进农村综合示范工作的通知》，就农村电子商务发展做出相关部署，要求综合示范工作以贫困地区为重点，并于 2017 年在全国培育一批能够发挥典型带动作用的示范县，示范地区电商服务站点行政村和建档立卡贫困村覆盖率均达到 50% 左右，农村网络零售额同比增长 20%，农产品网络零售额同比增长 30%，电商培训人数 3 000 人次以上。

“互联网 +”现代农业的四大发展方向，分别是农业电商、农业物联网示范应用、农业大数据工程与农业信息化服务。2017 年，电子商务进农村综合示范已累计支持了 756 个县，农产品电商正迈向 3 000 亿元大关。全国农村实现网络零售额 1.25 万亿元，同比增长 39.1%。农村网民占比为 27%，规模为 2.09 亿人，较 2016 年底增加 793 万人，增幅为 4.0%。农村网店达到 985.6 万家，较 2016 年增加 169.3 万家，同比增长 20.7%，带动就业人数超过 2 800 万人。同时，电商扶贫也取得突破性进展，截至 2017 年年底，已有 20 家电商企业入驻，并在网站首页和手机客户端的显著位置建立扶贫专区，与贫困地区政府、企业和农户等对接，对贫困地区产品网络销售给予流量支持、减免网店经营费用等优惠措施，全国 832 个国家级贫困县实现网络零售额 1 207.9 亿元，高出全国农村网络零售额增速 13 个百分点。福建、河北、安徽等多个省相继成立农业物联网示范区，实现设施大棚内温湿度、光照强度、CO_2 等生产环境因子的智能决策（如喷水时间、施肥等）；利用电脑、手机等终端，实现对农业生产的温度、湿度、光照、CO_2、水肥一体化等的自动、远程控制。

本报告精选农业电商农分期和乐村淘，农业物联网蜂巢科技和农田管家，农业大数据工程佳格天地和大蚯蚓科技，农业信息化服务农博创新和甲加由进行案例说明。

（1）农业电商

①案例一：农分期。

表 5-10 "农分期"相关数据

投资时间	投资方	被投公司	主营行业	投资金额（百万元）	持股比例	投资轮次	投资阶段
2017-01	贝塔斯曼亚洲投资基金 顺为资本 源码资本 真格基金 国金证券	农分期	农业服务电商	100	—	B	—

数据来源：天眼查，西部发展研究院整理，2018 年 9 月。

2017 年 1 月，农分期获得由 BAI（贝塔斯曼亚洲投资基金）领投，北京顺为资本投资咨询有限公司、北京源码资本投资有限公司、北京真格天成投资管理有限公司、国金证券股份有限公司等机构跟投的 1 亿元 B 轮投资。

农分期作为综合服务平台的提供者，根据农业生产特殊性，全面整合农机、种子、农药、化肥、农技、粮食流通、农业金融、信息服务等所有农业生产要素，以互联网金融为核心工具、以农业服务为直营产品，持续创新并重塑产业链的各个环节，开创性推动期货农业、科技农业、智慧农业等前沿农业生产方式的落地与延伸。平台以农机分期消费为切入点，接通信托、保险和银行的资金，提供农户扩大生产经营范围所需的分期消费和贷款服务。此外，该平台还推出了"村花帮"，在"村花帮"的页面上，农民可以转卖二手农机、找人干农活，或者农活外包。

②案例二：乐村淘。

表 5-11 "乐村淘"相关数据

投资时间	投资方	被投公司	主营行业	投资金额（百万元）	持股比例	投资轮次	投资阶段
2017-06	天赋资本 金桥资本	乐村淘	农产品电商	100	—	A+	—

数据来源：天眼查，西部发展研究院整理，2018 年 9 月。

2017 年 6 月，山西乐村淘网络科技有限公司获得由上海天赋动力股权投资基金管理有限公司领投，金桥创富投资管理有限责任公司跟投的 1 亿元 A+ 轮融资。

乐村淘是一家聚焦农村，服务于 8 亿农民的电商平台，是一个专注解决农村

“买难卖难”痛点的 B2B 平台。公司将中国现有的村镇小卖铺进行升级，改造成为乐村淘线下体验店，利用互联网将线上与线下资源重新优化配置，搭建双向供需平台。让城市工业品通过乐村淘走进农村，让村民享受到便捷、实惠、安全的互联网消费体验，提升农民的生活品质；同时，村镇居民通过乐村淘商城可以把当地农产品、手工艺品、民间艺术品等高效输出，增加收入。自 2014 年上线运营以来，平台始终坚持将国定贫困县和深度特困区作为电商扶贫主战场，依托带动就业创业、销售农产品、教育扶贫培训，成为电商扶贫的先锋队。

乐村淘基于平台的“乐 6 集”与“特色馆”两大核心业务模式，市场规模及销售规模得以快速发展。相对全国农村电商行列的其他平台，乐村淘的商业模式突出了两个重点：一是创造性地以“乐 6 集”的方式采取集中预售、集中下单、集中配送，让农民在网上赶大集，解决了农村电商物流成本高的“瓶颈”问题；二是在“特色馆农产品”上行业务聚焦一县一品，一品多区域联动，让县域农产品突破南北东西的地域性需求和春夏秋冬的季节性需求进行规模化的供给侧结构整合，实现了农产品上行的网货化和规模化。

（2）农业物联网应用

①案例一：蜂巢科技。

表 5–12 “蜂巢科技”相关数据

投资时间	投资方	被投公司	主营行业	投资金额（百万元）	持股比例	投资轮次	投资阶段
2017–03	京东金融 戈壁创投 宁波甬港	蜂巢科技	农业物联网	10	—	Pre–A	—
2017–10	同渡资本			62		A	

数据来源：天眼查，西部发展研究院整理，2018 年 9 月。

2017 年 3 月，北京蜂巢农科科技有限责任公司获得北京京东金融科技控股有限公司、北京戈壁投资管理有限公司、宁波甬港现代投资控股集团有限公司合投的 1 000 万元 Pre–A 轮融资。2017 年 10 月，北京同渡势成投资管理有限责任公司投资北京蜂巢农科科技有限责任公司，投资金额 6 200 万元。

蜂巢科技是一家农业植保无人机研发及植保服务商，拥有飞机制造和植保服务两大业务模块，飞机制造为解决无人机行业生产不稳定的行业痛点，提高飞机的稳定和市场认可度。植保服务是通过专业飞防队伍，接受实际的作业需要，为农民解决喷药效率低、不安全、喷洒不均匀、部分作物无法喷洒等实际问题。目前，公司致力于研究 2.0 版本的无人机系统，以及打造开放的技术生态，颠覆现有的无人机技术格局。商业模式上，公司拥抱互联网，以共享加盟，轻资产运营的模式在全国建立标准化的植保网络，该网络提供“植保服务”“农资销售”“农业数据服务”三位一体的价值输出。

②案例二：农田管家。

表 5–13　“农田管家”相关数据

投资时间	投资方	被投公司	主营行业	投资金额（百万元）	持股比例	投资轮次	投资阶段
2017–06	戈壁创投 云启资本 GGV 纪源资本 顺为资本 真格基金	农田管家	农业物联网	50	—	A	—

数据来源：天眼查，西部发展研究院整理，2018 年 9 月。

2017 年 6 月，北京农田管家科技有限责任公司获得北京戈壁投资管理有限公司领投，上海云畔投资管理有限公司、宁波纪源投资管理有限公司、北京顺为资本投资咨询有限公司与北京真格天成投资管理有限公司跟投的 5 000 万元 A 轮融资。

农田管家现代农业互联网综合服务提供商，以打造无人机喷洒农药（飞防）服务垂直应用生态圈为切入点，建设飞防服务平台、互联网金融服务平台。农田管家平台上已入驻超过 3 000 个飞防组织，可调度无人机近万架，在黑龙江、湖北、湖南、山东、江苏、河南、河北、安徽、江西等地建立分支机构，飞防服务覆盖 10 余个省近百个城市，2017 年总作业面积超过 800 万亩。农田管家通过普及无人机的应用，一方面提升农业生产效率，解决了农业劳动力紧缺的困境，另一方面，平台上对喷洒作业可视化，可帮助农户提升土地管理能力。另外，农田管家自主研发的云端调度管理系统，可通过人工智能算法，获取种植数据，进而推进飞防服务行业标准的规范，实现农业生产信息化。

（3）农业大数据工程

①案例一：佳格天地。

表 5-14 “佳格天地”相关数据

投资时间	投资方	被投公司	主营行业	投资金额（百万元）	持股比例	投资轮次	投资阶段
2017-04	DCM 中国 经纬中国 磐谷创投	佳格天地	农业大数据工程	60	—	A	—

数据来源：天眼查，西部发展研究院整理，2018 年 9 月。

2017 年 4 月，北京佳格天地科技有限公司获得 DCM 中国领投，北京经纬创投投资管理顾问有限公司、北京磐谷创业投资有限责任公司跟投的 6 000 万元 A 轮融资。

北京佳格天地科技有限公司是一家通过卫星和气象大数据收集、处理、分析和可视化系统，服务农业、环境、金融等行业的大数据应用公司。核心研发团队来自于美国加州硅谷。创始团队成员毕业于清华大学、北京大学以及加州大学伯克利分校，曾就职于美国国家航空航天局、美国能源部国家实验室、ERM 公司、百度、孟山都等全球知名网络和跨国农业企业，具有非常丰富而独特的大数据、深度学习和农业领域从业经验。该公司利用中、美、欧等数十颗卫星和无人机实时采集地面和气象数据，整合土壤、地块、作物、农资等全方位信息，通过拥有自主知识产权的图像解析和数据分析算法，实现面积测算、适宜区规划、生产周期测算、产量预估、病虫害防治指导、作物植保、灌溉方案、农机调配、农业金融等全产业链数据支持和管理级服务。该公司还通过数据帮助客户进行标准化生产，实现生产全程可追溯，助力食品安全。

②案例二：大蚯蚓科技。

表 5-15 “大蚯蚓科技”相关数据

投资时间	投资方	被投公司	主营行业	投资金额（百万元）	持股比例	投资轮次	投资阶段
2017-08	创见资本 深圳亿洲	大蚯蚓科技	农业大数据工程	6	20%	天使轮	—

数据来源：天眼查，西部发展研究院整理，2018 年 9 月。

2017 年 8 月，北京创见投资管理有限公司与深圳前海亿洲资产管理有限公司投资昆明大蚯蚓科技有限公司 600 万元，占股 20%。

昆明大蚯蚓科技有限公司是一家致力于用农业物联网、大数据分析和人工智能提升中国农业效率和质量的高科技公司。公司拥有一支互补性强，既具有宽广的国际视野，又对中国农业有深入了解的深度跨界专业团队。在物联网、互联网云服务、高端设施农业、农作物生长与农田生态系统及病虫害预报与数据分析等领域具有极强的开拓性研究与应用开发能力。目前在北京、云南、贵州分别设有研发和生产试验基地，已开发出具有自主知识产权的移动互联网、物联网友好的多种环境传感及其移动端—云端管理和大数据分析系统。

（4）农业信息化服务

①案例一：农博创新。

表 5–16 “农博创新”相关数据

投资时间	投资方	被投公司	主营行业	投资金额（百万元）	持股比例	投资轮次	投资阶段
2017–05	云天使基金	农博创新	农业信息化服务	1	—	Pre–A	—

数据来源：天眼查，西部发展研究院整理，2018 年 9 月。

2017 年 5 月，云天使基金投资深圳市农博创新科技有限公司 100 万元。

深圳市农博创新科技有限公司成立于 2015 年年底，总部位于中国深圳，是一家专注于农业智能化设备和农业科学化管理的创新企业。农博创新的核心成员来自于国内外顶级高新技术企业和著名高校，专家团队为国内著名农业专家和数据挖掘专家。农博创新致力于推动人工智能技术在农业的应用，实现我国农场的现代化、智能化、高效化的运营管理模式。农博创新致力于研发生产高性能、低成本的智慧农业物联网设备，引进国际顶尖的大数据处理技术，将科学化、规模化的种植管理技术应用于我国农业生产中，真正实现了农场管理的自动化、智能化、精细化，达到提高产量、改善品质、节省人力、降低人工误差和提高经济效益等目的，实现了农业种植的高效化和精准化管理。

②案例二：甲加由。

表 5–17 “甲加由”相关数据

投资时间	投资方	被投公司	主营行业	投资金额（百万元）	持股比例	投资轮次	投资阶段
2017–06	星瀚资本 险峰长青 英谊资本	甲加由	农业信息化服务	28	—	A	—

数据来源：天眼查，西部发展研究院整理，2018 年 9 月。

2017 年 6 月，河南甲加由农业科技股份有限公司获得星瀚资本、西藏险峰华兴长青投资有限公司、上海英谊投资合伙企业合投的 2 800 万元的 A 轮融资。

甲加由是河南省内专业的规模农业规划种植和运营服务企业，打造农业综合化服务 + 互联网模式，通过整合上游农资资源、中游土地资源和技术资源、下游农产品加工企业，以建立村级农业综合化服务站的形式，为省内各类农企、合作社、家庭农场、乡镇政府提供全方位的落地性服务。公司成立于 2010 年，致力于成为领先的规划种植服务平台，开创优质原粮品牌。发展至今，甲加由已拥有 100 余人的专业团队，在河南、吉林、内蒙古、新疆、四川和湖南成立 6 家子公司，并在北京设立全国运营中心。通过近 7 年的探索发展，甲加由已在全国建立 800 多个综合服务站，服务耕地面积近 300 万亩，影响带动农民 24 万余户。合作伙伴涉及国内外知名农资企业 40 余家、收购厂商 50 多家，成熟的渠道已覆盖河南、新疆、内蒙古、四川、江西、广东等市场。

5.1.5 休闲农业

休闲农业是农业旅游文化“三位一体”、生产生活生态同步改善、农村三次产业深度融合的新产业、新业态、新模式，是拓展农业领域、繁荣农村经济、丰富农民生活的新兴支柱产业。休闲农业的蓬勃发展，有利于我国农业由初级产业提升至三级产业、从传统农业生产向农业休闲服务业转变，有利于推动农业和旅游供给侧结构性改革，是带动农民就业创业和产业脱贫的重要渠道，是推进全域化旅游和促进城乡一体化发展的强大推动力。

2017 年国家出台了多项政策助推休闲农业发展：2 月 5 日，中央 1 号文件《中共中央、国务院关于深入推进农业供给侧结构性改革加快培育农业农村发展新动能的若干意见》正式发布，提出要充分发挥乡村各类物质与非物质资源富集的独特优势，利用“旅游＋”“生态＋”等模式，推进农业、林业与旅游、教育、文化、康养等产业深度融合。2月8日，国家发展和改革委员会、国家开发银行联合下发《关于开发性金融支持特色小（城）镇建设促进脱贫攻坚的意见》，是为实现“到2020年，培育1 000个左右各具特色、富有活力的休闲旅游、商贸物流、现代制造、教育科技、传统文化、美丽宜居等特色小镇”这一目标的实质性支持。5月25日，农业部办公厅印发《关于推动落实休闲农业和乡村旅游发展政策的通知》，从用地政策、财政政策、金融政策、公共服务、品牌创建、宣传推介六大方面对休闲农业发展提出要求，并明确指出要促进休闲农业和乡村旅游业态多样化、产业集聚化、主体多元化、设施现代化、服务规范化和发展绿色化。

2017年10月18日，党的十九大报告提出实施“乡村振兴战略”，要按照产业兴旺、生态宜居、乡风文明、治理有效、生活富裕的总要求，建立健全城乡融合发展体制机制和政策体系，加快推进农业农村现代化。新发展理念的提出，明确了乡村发展的新思路，为休闲农业和乡村旅游的发展提供了新的发展契机。

随着人们对乡村休闲娱乐的需求不断增加，休闲农业走上“快车道”，成为农业农村经济发展新的增长极。2017年，中国休闲农业呈现出了高速成长的态势，据测算，全国休闲农业营业收入达5 550亿元，有效带动了餐饮住宿、农产品加工、交通运输、建筑和文化等关联产业发展。同时，在发展休闲农业的过程中，乡村生态环境、农村基础设施和公共服务都得到了改善，形成了一大批以生态良好、产业多元、村风文明为突出特征的美丽乡村。

移动互联时代的到来正深刻改变着农业的生产、销售、服务、资金等产业环境，集农业电子商务、高品质绿色食品原产地直供、体验式旅游等于一体的现代农业产业模式拓宽了农业产业发展空间，农村休闲旅游、体验、民宿、产品销售等复合型新业态的发展成为促进农业增效、农民增收的新途径。本报告精选休闲农业中具有代表性的乡伴文旅、振兴生态和乌托邦进行案例说明。

（1）案例一：乡伴文旅

表 5-18 “乡伴文旅”相关数据

投资时间	投资方	被投公司	主营行业	投资金额	持股比例	投资轮次	投资阶段
2017-02	韩吾纪	乡伴文旅	农业其他	未披露	—	天使轮	—
2017-07	成都正见 七熹投资			数千万元		Pre-A	

数据来源：天眼查，西部发展研究院整理，2018 年 9 月。

2017 年 2 月，上海韩吾纪投资合伙企业（有限合伙）投资伊犁乡伴旅游文化发展有限公司，投资金额未披露。2017 年 7 月，成都正见企业管理咨询中心（有限合伙）与共青城七熹投资管理合伙企业（有限合伙）投资伊犁乡伴旅游文化发展有限公司数千万元。

伊犁乡伴旅游文化发展有限公司成立于 2016 年 12 月，是田园综合体全域旅游运营商，目前已在江浙地区和云南多个城市周边开发十几个精品民宿聚落和包含多种新消费休闲业态的田园综合体。与乡建项目的物质空间建设、简单的环境整治和乡村旅游开发不同，乡伴文旅的目的是实现新乡村生活示范和新型城乡关系的重构，在文化传承和创意入乡的背景下，打造美丽乡村及特色小镇发展新模式。公司现已签约动工昆山计家墩、周庄绿乐园、南京苏家、苏州树山、宁波余姚、云南阿者科等 10 余个精品民宿聚落和包含多种新消费休闲业态的田园综合体。乡伴文旅旗下的民宿板块已经单独拆分运营，有原舍、圃舍、树蛙等独立品牌。此外，还有儿童娱乐和自然教育项目绿乐园、操盘文旅基金管理与行业并购的原圃投资、乡村青年创业培训的乡创学院，以及周边服务的乡伴文创、规划设计等子公司。

（2）案例二：振兴生态

表 5-19 “振兴生态”相关数据

投资时间	投资方	被投公司	主营行业	投资金额（百万元）	持股比例	投资轮次	投资阶段
2017-03	未披露	振兴生态	农业	100	—	新三板定增	—

数据来源：企查查，西部发展研究院整理，2018 年 9 月。

2017 年 3 月，辽宁振兴生态集团发展股份有限公司获得投资 1 亿元，投资机构未披露。

辽宁振兴生态集团发展股份有限公司位于辽宁省盘锦市，是一家致力于打造“中国老百姓健康生活服务平台”的现代化农业企业，下设有机种猪场、有机商品猪场、有机水稻种植区、高效农业示范区、有机饲料加工厂、屠宰场及亚马逊生态观光园，形成了包括有机种植、有机养殖及生态农业观光三大板块的完整产业链条。公司以农业资源为核心依托，以休闲旅游功能为核心展示，将生态农业与生态旅游紧密结合，借助科学技术、相关辅助设施等进行创新性的规划、设计，从而形成的集聚科技示范、旅游观光、科普教育以及休闲娱乐功能为一体的亚马逊生态观光园，旨在让广大居民在节假日和农产品收获季节，享受农村的美好生活。

（3）案例三：乌托邦

表 5-20　“乌托邦”相关数据

投资时间	投资方	被投公司	主营行业	投资金额（百万元）	持股比例	投资轮次	投资阶段
2017-09	茶博汇	乌托邦	农业其他	10	20%	种子轮	—

数据来源：天眼查，西部发展研究院整理，2018 年 9 月。

2017 年 9 月，茶博汇投资有限公司投资乌托邦田园疗养村有限责任公司 1 000 万元，占股 20%。

乌托邦共享疗养村借助良好的田园风光，给休闲农业注入养老元素，致力于发展成为一个以服务“疗养者与留守人员”为核心，以农村闲置资源为平台，打造并大规模复制适合生活疗养的大美田园乡村环境，建设新型现代特色农业和适宜休闲旅游目的地的共享疗养（养老）村落产业链平台。疗养用户主要拟以 60~70 岁具备自理能力的老年人为主，通过众筹的形式，让每个老年人都能够成为该疗养村的主人，这个由集体共建的农庄，将以“共同疗养”为核心，以公司化方式运营，包括休闲农业、特色体验馆等特色旅游项目，进而达到老有所乐、老有所为，甚至老能自养的目的。公司将通过整合更多的“空心村”，因地制宜地协同参与疗养的老年人和留守人员，以“旅居养老”“休闲农业”和“特色旅游”等多个方向来共建和改造村落。

5.2 投资行为分析

5.2.1 投资机构农业投资行为总览

2017 年中央 1 号文件立足“三农”发展新形势，把深入推进农业供给侧结构性改革作为新的历史阶段农业农村工作主线。文件指出，要在确保国家粮食安全的基础上，紧紧围绕市场需求变化，以增加农民收入、保障有效供给为主要目标，以提高农业供给质量为主攻方向，以体制改革和机制创新为根本途径，优化农业产业体系、生产体系、经营体系，提高土地产出率、资源利用率、劳动生产率，促进农业农村发展由过度依赖资源消耗、主要满足量的需求，向追求绿色生态可持续、更加注重满足质的需求转变。2017 年，伴随着利好政策，农业行业 VC/PE 融资规模有所提升。

私募通数据显示，2017 年，农业领域披露投资规模达到 26.74 亿美元，较上年披露投资规模上升 43.84%。投资规模达到 3 000 万美元以上的农业龙头公司有 14 家，超过 1 亿美元的超大型投资行为有 7 起。此外，2017 年农业领域 A 轮投资总额已达 43 307.13 万美元，最高融资金额达到 1.93 亿美元。

从具体案例看，2017 年国内农业行业 VC/PE 融资规模最大的交易为广州国资发展控股有限公司注资广州珠江啤酒集团有限公司，注资规模为 3.94 亿美元，持股比例为 23.74%。其次是上海小村幻熊资产管理有限公司注资哈尔滨食品制造企业 1.48 亿美元。

而杭州揽盛投资合伙企业（有限合伙）、杭州金博研壹昊投资管理合伙企业（有限合伙）、佳源创盛控股集团有限公司注资杭州蓝天园林生态科技股份有限公司约 3 561.60 万美元，是 2017 年度林业领域单笔最大投资。杭州蓝天园林生态科技股份有限公司是一家园林植物工厂化生产、专业化经营的农业科技企业，集种苗生产、科技研发、园林景观设计施工于一体产业化运作的大型园林企业。目前，公司在浙江、上海、江西等地拥有 2 万余亩种苗基地，销售网络遍布全国各地，公司下属设计院具有园林景观工程设计甲级资质，已成功承接景观工程800余项，年完成设计收入6 000多万元；下属园林建设公司具有景观工程施工一级资质，年施工能力已达5亿元以上。

此外，值得关注的案例还有，2017年9月13日，博时基金管理有限公司投资泸州老窖集团有限责任公司6 826.40万美元；2017年7月11日，无锡天翼正元投资中心（有限合伙）、芜湖徽瑞盛达投资管理中心（有限合伙）、北京宝善恒成投资管理中心（有限合伙）、云南省工业投资控股集团有限责任公司、深圳惠理股权投资管理有限公司共同投资云南瑞宝生物科技有限公司4 955.97万美元；2017年6月21日，上海华岭投资管理有限公司与湖北长江证券产业基金管理有限公司投资湖北老鬼生物科技有限公司3 264.80万美元；2017年6月1日，湖南海新投资有限公司、天士力大健康产业基金、北京正康地股权投资合伙企业（有限合伙）联合投资甘肃中天羊业股份有限公司1 791.93万美元等。

2017年农业领域VC/PE融资案例中，有10家企业曾在2016年内年完成过融资，这10家企业分别是福慧达、九森林业、巨鹏食品、龙凤山、蒙都羊业、民正农牧、勤劳农夫、湘村股份、壹加壹、中鼎联合。其中，壹加壹在2015年4月获得来自金桥创富投资管理有限责任公司、深圳市红十三投资管理有限公司、千里马集团有限公司与深圳市丰润资产管理有限公司488.24万美元A轮投资，2015年8月获得来北京丰利财富国际资本管理有限公司与四川国睿光华股权投资基金管理有限公司187.57万美元B轮投资后，2016年4月又获得来自湖南高新创业投资集团有限公司307万美元的新三板定增投资。

5.2.2 投资机构农业投资行为变化趋势

从2017年中国现代农业领域股权投资机构20强（见表5–21）在农业领域的投资案例中可以看出，农产品及食品加工、农业种植和农业电商等细分领域的企业倍受机构关注。23起投资案例中，农产品及食品加工投资案例达到9起，种植业6起，农业电商3起，畜牧业、其他领域均2起，农资1起。其中，农业电商获得的投资金额普遍较高，而农业种植相对较低。随着农业供给侧结构性改革的深入推进，投资机构更倾向于投资经济附加值高、发展空间大的农业产业链前端与价值链高端产业。

表5-21　2017年度中国现代农业领域股权投资机构20强

机构名称（按机构名称拼音顺序排列）	投资时间	被投企业	所属行业	投资金额（百万美元）
IDG资本	2017-01-01	不披露	农产品及食品加工	—
KKR	—	—	—	—
东方邦信创投	2017-12-28	杨氏果业	种植业	29.68
东方汇富	2017-02-20	七河生物	种植业	2.97
	2017-09-01	福慧达	种植业	2.88
谷旺投资	2017-07-06	上陵牧业	农产品及食品加工	4.45
广东温氏投资	2017-03-01	酒鬼酒	农产品及食品加工	1.48
		中粮生化	农产品及食品加工	1.48
		中糖有限	农产品及食品加工	1.48
	2017-08-01	湘村股份	畜牧业	1.48
河南农投产业	—	—	—	—
惠农资本	2017-03-17	茂华食品	农产品及食品加工	—
建银国际	2017-03-31	不披露	农产品及食品加工	52.70
经纬中国	2017-06-22	大丰收农资商城	农资电商	29.68
	2017-07-04	洪水猛兽	农产品及食品加工	0.15
九鼎投资	2017-05-03	润丰股份	农资	59.36
深创投	2017-03-30	博瑞饲料	种植业	7.42
	2017-04-05	一笑堂茶业	种植业	1.19
天赋资本	2017-06-23	乐村淘	农产品电商	14.84
天星资本	—	—	—	—
现代种业发展基金	2017-01-10	正邦科技	农产品及食品加工	25.23
星瀚资本	2017-06-01	甲加由	其他	4.16
毅达资本	2017-08-09	品品鲜	种植业	1.48
真格基金	2017-01-05	农分期	农业服务电商	14.84
	2017-06-06	农田管家	其他	7.42
中农基金	—	—	—	—
中原联创投资基金	2017-08-31	民正农牧	畜牧业	14.96

数据来源：私募通，西部发展研究院整理，2018年9月。

6

投资案例分析

6.1 世界农业巨头发展集锦

（1）德国巴斯夫股份公司

巴斯夫股份公司（BASF SE），其缩写 BASF 是由以前的全名“Badische Anilin-und-Soda-Fabrik”（巴登苯胺苏打厂）而来，是一家德国的化工企业，也是世界最大的化工厂之一。巴斯夫总部设在路德维希港，在 39 个国家设有 350 多个分厂和公司。其中在德国国内的生产厂家共有 60 多个，分别位于路德维希港、明斯特、汉堡、斯图加特、曼海姆、维尔茨堡、科隆等城市。巴斯夫股份公司为巴斯夫集团中最大的企业。公司的不少产品是从原油和天然气中提炼出来的。巴斯夫拥有自己的煤、石油和天然气资源。巴斯夫的附属公司 Wintershall AG 在世界各地勘探、开采并提炼原油和天然气，该公司还为巴斯夫集团下属的公司提供天然气、苯、环乙炔、石脑油等原料。巴斯夫在国外的企业大部分在欧洲，几乎遍布欧洲所有的国家。此外，在美国、日本、阿根廷、印度、新加坡、埃及以及我国等国家也都设有分公司或分厂。

巴斯夫与中国的贸易关系始于 1885 年。巴斯夫早在半个多世纪前就已进入我国台湾市场，并于 1969 年成立分公司——台湾巴斯夫股份有限公司，1990 年成立了 OURFOREST 实验室，主要针对亚洲人皮肤问题提出解决方案，另拥有一家动物饲料预混营养添加剂加工企业。早于 1982 年，巴斯夫已在香港成立巴斯夫中国有限公司，负责在香港和中国内地销售、推广及分销以及进口本地生产的产品。巴斯夫中国有限公司秉承巴斯夫一世纪以来的传统，为客户提供可改善素质与效率的专业知识和服务，以增加其市场竞争力。为加强中国业务的运作，巴斯夫于 1996 年成立控股公司——巴斯夫（中国）有限公司。这家在北京合法注册的新公司为所有巴斯夫在中国的合资企业提供物料储运统筹、电子数据处理、采购、人力资源、财务和销售方面的服务。

2004 年公司本部迁往上海，其注所地为上海浦东新区江心沙路 300 号，其分支机构有北京办事处、青岛办事处、成都办事处及广州分公司。巴斯夫中国区雇员已经超过 6 000 人，并拥有 23 个全资子公司和 10 个合资公司，分别位于香港、北京、上海、南京、广州、吉林、沈阳和新竹，为了适应当地市场的需求，公司在香港、北京、上海、广州、南京、青岛和台北均设有办事处。2007 年，巴斯夫在大中华区的销售额约为 44 亿欧元。巴斯夫在大中华区的主要业务范围包括石化产品、聚合物分散体、聚苯乙烯、聚氨酯、工程塑料、涂料、纺织和皮革业特性产品、中间体、催化剂和化学建材等。

2017 年 6 月 1 日，扬子石化 - 巴斯夫有限责任公司（以下简称“扬巴公司”）宣布将新增丙酸产能 3 万吨 / 年，新装置预计将于 2019 年投产。该公司是中国石化和巴斯夫按 50：50 股比建立的合资企业。扬巴公司在南京拥有完善的丙酸生产装置，是中国和全球主要的丙酸生产商。扩产后扬巴公司总的丙酸年产能可达 6.9 万吨。

2017 年 6 月 2 日，巴斯夫在上海金山启用全新油脂和蜡装置。该项目投资 1.5 亿元，是巴斯夫在亚太地区最大的油脂生产装置投资。它和巴斯夫目前在金山基地生产的蜡酯、乳化剂和主表面活性剂形成互补，将进一步提升巴斯夫的本土化生产能力，更好地服务于中国和亚太地区不断增长的个人护理市场。

2017 年 10 月 13 日，巴斯夫签署协议收购拜耳种子和非选择性除草剂业务的重要部分，这部分业务是拜耳计划收购孟山都的框架下拜耳有意剥离的资产。全部现金收购价格为 59 亿欧元，交易结束时会做相应调整。此次收购的资产包括拜耳全球草铵膦非选择性除草剂业务，其商业品牌为 Liberty®、Basta® 和 Finale®，以及拜耳在部分市场的关键大田作物种子业务，包括北美洲使用 LibertyLink® 性状技术的 InVigor® 品牌的油菜品种、主要在欧洲市场的油菜、美洲和欧洲的棉花以及美洲的大豆。此次交易同样包括拜耳的性状研究和这些作物的培育能力以及 LibertyLink® 性状和商标。本次收购和巴斯夫现有作物保护业务形成互补，增强了公司的除草剂产品组合，并使巴斯夫通过关键农业市场的专利资产进入到种子业务。

2017 年 12 月 5 日，巴斯夫全新水稻知识中心在其菲律宾拉古纳省海湾市农业研究站落成启用。它将汇聚巴斯夫在全球水稻种植领域的专业知识，为农户提供更好的农艺和技术支持，帮助他们可持续地提高水稻产量。亚洲的水稻产量和消费量约占全球的90%。在不远的将来，巴斯夫将为亚太区直播稻推出Clearfield™和Provisia™生产系统。这些创新解决方案包括传统育种方式繁育的耐除草剂杂交水稻品种和与其配套的除草剂。与传统的抛秧稻相比，直播稻的用水量和温室气体排放量更少。该系统已被马来西亚等10多个国家的水稻种植户采用。为加快这些技术的采用，巴斯夫与国际水稻研究所（IRRI）签订了多项合作协议，为更多亚太区农户提供耐除草剂的水稻品种。此外，巴斯夫还以创始成员的身份加入了IRRI主导的多方研究联盟，共同推动直播稻的机械化、精准种植。新成立的水稻知识中心将负责本次和未来合作项目的协调。

（2）美国泰森食品公司

泰森食品（Tyson Foods Inc.）创始于1935年，总部位于美国阿肯色州斯普林代尔市，是全球最大的鸡肉、牛肉、猪肉以及加工食品的生产商及供应商之一。泰森食品畅销全美和世界90多个国家和地区，同时也是众多国际餐饮品牌及零售领军企业的战略合作伙伴。泰森在美国和全球拥有400多家企业和办事处，雇有115 000多名员工。2014年位列世界财富500强中的第346位，营业收入高达345亿美元。旗下拥有Tyson®、Jimmy Dean®、Hillshire Farm®、Sara Lee®、Ball Park®、Wright®、Aidells®和State Fair®等多个品牌。泰森食品从诞生伊始，始终坚持以“创造伟大食品”为己任，不断突破创新，满足不同消费者在不同场合的需求。食品安全和品质控制作为泰森品牌的核心理念，被融入整个食品生产链中，确保从生产到餐桌的每一个环节的标准化2014年3月，《财富》杂志评选泰森食品为“全美最受赞赏公司”之一。

随着中国经济的迅速腾飞，中国市场在泰森的全球拓展战略布局中，被赋予了战略性的重要地位。从2001年起，泰森公司启动了开拓中国市场的步伐，相继在中国成立了“泰森大龙”“泰森南通”“泰森日照”“泰森华东”。

泰森大龙成立于2001年5月，位于山东省渚城市，是美国泰森在中国的第一家食品企业。公司拥有两条世界先进的生产流水线和独立的调理品加工车间，引进了美国的先进技术和管理方法，按照泰森全球食品安全管理体系并采用国际卓越的食品安全管理理念，主要开发并生产浅炸、调理鸡肉制品。公司与国际国内连锁快餐、商业超市进行长期合作，并在全国21个省份、4个直辖市和4个自治区均设立经销商，年产能20 000吨左右，产品盛销全国各地包括港澳地区。

泰森南通成立于2008年，位于江苏海门市。泰森南通作为全新的整合性鸡肉生产基地，屠宰量达到每周100万只，计划年生产冷鲜鸡肉系列产品10万吨。泰森南通按照泰森全球食品生产标准建立的现代化的饲养基地和加工工厂严格执行泰森全球食品安全管理体系，已通过ISO22000食品安全管理体系和CIQ中国出入境检验检疫认证。产品主要通过零售渠道面对上海、江苏、浙江、深圳和广州等地的消费者。

泰森日照坐落于日照市莒县工业园内，是一家集饲料加工、家禽饲养、屠宰加工及熟制品深加工于一体的综合性大型企业。肉鸡屠宰加工生产线系引进荷兰、日本、韩国等世界上最先进的技术和设备，日加工产能30万只。目前年屠宰加工鸡肉4 600万只，是众多国际知名餐饮连锁企业在中国境内主要的供货商之一。

泰森华东成立于2013年6月，坐落于江苏省南通市崇州区，是泰森食品集肉鸡养殖，畜禽肉销售，禽肉深加工产品的研发和检测的华东区域总部。通过该公司的运营，泰森食品将进一步扩大在中国的发展，并对南通市经济发展起到推动作用。

2017年，泰森食品继续开拓市场，加强外界合作。2017年4月，泰森食品以42亿美元现金，并购了三明治厂商AdvancePierre，用以拓宽其所经营产品构成。泰森食品将通过AdvancePierre进入连锁餐厅、学校和超市等三明治市场，让泰森扩大肉制品市场覆盖面，并且可获得较肉类加工包装业务更为稳定丰厚的收入。

2017年6月，中粮集团旗下中粮肉食控股有限公司与泰森食品公司达成合作，进口优质谷饲牛肉。2017年12月，泰森食品增加了其在植物性蛋白质制造商Beyond Meat的股份，因为该公司的目标是满足不断增长的蛋白质来源的需求。该公司已经拥有Beyond Meat 5%的股份，并通过风险投资基金参与了最近一轮的融资。Beyond Meat公司在杂货连锁店如亚马逊、全食超市、Publix和

AlbertsonsCos 等公司销售植物性汉堡肉饼、热食餐、非转基因大豆和豌豆蛋白质冷冻食品。

（3）荷兰皇家帝斯曼公司

荷兰皇家帝斯曼公司（Royal DSM）是一家以目标为导向，活跃于营养、健康和绿色生活的全球科学公司。帝斯曼不断推动经济繁荣、环境改善和社会进步，为所有利益相关方创造可持续的价值。帝斯曼为包括人类营养、动物营养、个人护理与香原料、医疗设备、绿色产品与应用以及新型移动性与连接性领域提供创新业务解决方案。帝斯曼及其关联公司约 23 000 名员工创造了约 100 亿欧元的年销售额。公司已在泛欧阿姆斯特丹交易所上市（Euronext Amsterdam）。

2009 年，帝斯曼中国园区建成，作为地区总部和帝斯曼在华研发中心。这是中国首个 LEED（能源和环保设计认证）金牌认证项目，它将成为帝斯曼在华可持续发展的标志。2011 年，帝斯曼中国研发中心成立，作为帝斯曼在华主要创新基地。

2012 年，帝斯曼位于河北省霸州市的动物营养研发中心奠基，进一步完善了帝斯曼对于中国动物营养网络的布局。中化帝斯曼制药投资新建的 6-APA 医药中间体基地在吉林正式开业。2013 年，帝斯曼收购烟台安得利果胶公司，建立中国亲水胶体增长平台。收购德国化学品公司拜耳在中国的预混料业务，进一步扩张帝斯曼的全球预混料业务网络。

2014 年，帝斯曼在江苏建成世界级的食品酶制剂车间，致力于服务中国和全球市场。霸州动物营养中心成立，有力支持中国高速发展的养殖业。2015 年，完成对江山制药公司的收购，进一步提高了帝斯曼在全球维生素 C 市场的地位。帝斯曼亲水胶体事业部在浙江省桐乡市的结冷胶场地扩建奠基，将帝斯曼中肯场地打造成世界级的亲水胶体生产和研发中心。

2017 年 9 月，帝斯曼集团正式宣布在中国山东聊城新建的先进预混料厂开幕。新工厂致力于家禽和猪预混料生产，加强帝斯曼在全球和中国地区的业务布局。新工厂匹配帝斯曼动物营养与保健在中国的“出壳”战略，帝斯曼期望借此实现雄心勃勃的增长目标，并为中国本土客户提供更好的服务水平。

2017 年 11 月，帝斯曼集团收购内蒙古润邦生物科技有限公司（润邦）的多数股权，并将其更名为——帝斯曼润邦（内蒙古）生物科技有限公司（帝斯曼润邦）。此次收购有助于帝斯曼和海兴进一步扩大其具备可持续性以及创新性亲水胶体解决方案的全球业务，该类解决方案通常应用于食品、饮料和个人护理产品中，以提高产品的质感和稳定性。

6.2 2017 年中国农业产业案例分享

6.2.1 VC/PE 投资案例

（1）案例一：奥吉特

表 6–1 “奥吉特”相关数据

投资时间	投资方	被投公司	二级行业	运营主体所在地	投资轮次	投资阶段	投资金额（百万元）	持股比例（%）
2017–02	长盛股权	奥吉特	农业种植业	河南	新三板定增	成熟期	43.50	7.92

数据来源：私募通，西部发展研究院整理，2018 年 9 月。

2017 年 2 月 22 日，霍尔果斯长盛股权投资有限公司投资奥吉特生物科技股份有限公司 4 350 万元，占股 7.92%。

奥吉特生物科技股份有限公司是以双孢菇（白蘑菇和褐蘑菇）的基料生产、种植、深加工与销售为一体的高科技股份有限公司。自 2007 年成立以来，公司致力于发展双孢菇的工厂化种植，研制多项先进生产技术，引进欧美成套设备与电脑控制系统，执行行业领先的工厂化标准，并严格遵循 HACCP 体系与有机食品操作规程，致力于为经销商乃至消费者提供新鲜、天然、美味、安全的有机食品。

荷兰是世界上蘑菇种植技术最先进、机械化程度最高的国家。作为欧洲最大的蘑菇出口国，荷兰的蘑菇以高品、高效、高产而著称。早在 2008 年，奥吉特就将“荷兰模式”成功落地中国，凭借在褐蘑菇种植领域的优势，在国内食用菌行业异军突起。2011 年，奥吉特主导制定了河南省《褐蘑菇工厂化生产技术规范》。

如今，奥吉特已成为国内最高效、高产的褐蘑菇生产商，平均日产 25 吨新鲜褐菇与白蘑菇，实现 365 天无间隙褐菇供应。除了在蘑菇种植业的横向拓展，奥吉特将产业链上下延伸，在洛阳增设基料场、菌菇食品加工厂、有机肥料厂，在扬州打造食用菌多糖产品生产基地，将食用菌的菌种研发、基料发酵、蘑菇种植、加工、生物提取和菌床回收再利用高度整合，全产业链形成集约化、智能化、无污染的循环经济模式，现已发展成为在洛阳、上海、扬州、重庆等地拥有多家子公司与生产基地的集团型企业。

（2）案例二：凌志马铃薯

表 6–2 "凌志马铃薯" 相关数据

投资时间	投资方	被投公司	二级行业	运营主体所在地	投资轮次	投资阶段	投资金额（百万元）	持股比例（%）
2017–02	神州辰阳	凌志马铃薯	农业种植业	内蒙古	新三板定增	成熟期	11.25	1.83
	南京成合设备						21.00	3.42

数据来源：私募通，西部发展研究院整理，2018 年 9 月。

2017 年 2 月 23 日，北京神州辰阳投资有限公司和南京成合工程设备有限公司投资内蒙古凌志马铃薯科技股份有限公司 3 225 万元，占股比例 5.25%。

内蒙古凌志马铃薯科技股份有限公司成立于 2006 年 8 月，注册资本 7 200 万元。公司是专业从事马铃薯种薯繁育、商品薯生产及马铃薯深加工的农业产业化重点龙头企业。公司马铃薯繁育中心建有 2 100 平方米实验楼和 800 亩微型薯生产网棚，可年产脱毒苗 1 000 万株、微型薯 10 000 万粒。

公司拥有现代化农场 5 个，建成高标准种薯生产基地 5 万亩，配备了大型喷灌设施和全套进口马铃薯生产机械设备，实现了马铃薯生产机械化、规模化、标准化和现代化。公司建成 6 万吨储藏能力的现代化马铃薯储藏库及全粉加工厂，已实现马铃薯育、繁、加一体化，产、供、销一条龙服务。

（3）案例三：原态农业

表6-3 “原态农业”相关数据

投资时间	投资方	被投公司	二级行业	运营主体所在地	投资轮次	投资阶段	投资金额（百万元）	持股比例（%）
2017-04	李山投资	原态农业	畜牧业	浙江	新三板定增	扩张期	24.39	61.59

数据来源：私募通，西部发展研究院整理，2018年9月。

2017年4月20日，李山投资集团有限公司投资浙江原态农业股份有限公司2 438.89万元，占股61.59%。

浙江原态农业股份有限公司前身为浙江原态农业开发有限公司，位于国家级生态示范区——浙江省温州市泰顺县，公司成立于2010年4月，注册资金3 000万元。公司拥有1 020亩无公害产品生产基地，是一家以贵妃鸡养殖、经济林种植、农产品加工销售、电子商务为主的现代农业产业化企业。

自成立以来，公司引进欧美养殖技术标准，采用农业溯源系统，立足诚信、互助、创新、绿色的经营理念，并与浙江大学动物学院达成产学研合作，设立“泰顺县原态禽类研究所”，通过综合经营和持续创新，形成了集种植、养殖、体验观光、民宿、“互联网+”于一体的智慧农业发展模式。公司于2014年6月完成企业股份制改革，2015年11月成功新三板上市（股票代码：833763），是泰顺首家进军全国中小企业股份转让系统的企业，成为温州农业第一股。

（4）案例四：科尔沁

表6-4 “科尔沁”相关数据

投资时间	投资方	被投公司	二级行业	运营主体所在地	投资轮次	投资阶段	投资金额（百万元）	持股比例（%）
2017-07	前海梧桐	科尔沁	畜牧业	内蒙古	A	成熟期	90.00	—

数据来源：私募通，西部发展研究院整理，2018年9月。

2017年7月27日，深圳市前海梧桐并购投资基金管理有限公司投资内蒙古科尔沁牛业股份有限公司9 000万元。

内蒙古科尔沁牛业股份有限公司位于内蒙古自治区科尔沁草原腹地通辽市。公司拥有通辽屠宰加工厂、南阳屠宰加工厂、通辽肉制品分公司及育肥牛基地、草牧场等下属企业，建立了以肉食品加工为主体，以绿色饲料加工、畜牧产品研制开发、草原生态建设为基础的肉牛集约化和规模化的产业链条。

公司引进国外先进的生产加工设备及工艺，严格按照欧盟食品卫生标准建立了智能化加工包装流水线，形成了年屠宰 20 万头肉牛，生产冷鲜、冷冻肉 4 万吨的规模。为保障肉食品的卫生安全，科尔沁牛业有机肉牛养殖基地建立了科学的家畜自动跟踪监测系统，每头牛都有自己的标识，其年龄、性别、体重、防疫、饲料、饲养过程均有动态记录及实时监控，保证了肉食品的安全。

（5）案例五：航天恒丰

表 6–5　“航天恒丰”相关数据

投资时间	投资方	被投公司	二级行业	运营主体所在地	投资轮次	投资阶段	投资金额（百万元）	持股比例（%）
2017–08	恒兴旺佳	航天恒丰	农业	北京	新三板定增	扩张期	23.35	10.00

数据来源：私募通，西部发展研究院整理，2018 年 9 月。

2017 年 8 月 4 日，北京恒兴旺佳门窗有限责任公司投资北京航天恒丰科技股份有限公司 2 334.61 万元，占股 10.00%。

北京航天恒丰科技股份有限公司是北京市科委和中关村科技园区认定的高新技术企业，注册资本 1 000 万元。公司以 5 项发明专利和 6 项计算机软件著作权作为技术支持，选育出高效、多功能的微生物菌种成功进行了“神舟八号”飞船的太空搭载，使菌种、菌剂的稳定性、应用效果更加突出，在菌种技术研发和生产方面均取得了突破性发展。同时通过改进优化培养基和发酵系列参数，公司已开发出有效活菌数高达 1 200 亿个 / 克的高含量菌剂产品，并取得农业部微生物菌剂登记证，这是国内有效活菌数最高的产品登记证，处于世界领先水平。

公司拥有农业部颁发的“航天恒丰”微生物菌剂、生物有机肥、复合微生物肥料系列准字登记证，各类资质手续齐全。公司成立五年来与十余家微生物肥料生产厂家结成合作关系，每年为 20 余家肥料生产厂家提供各种微生物菌剂两万吨。生产基地占地 40 亩，一期投资 1.2 亿元，现有 10 吨发酵罐 3 个，30 吨贮存靠 1 个，年产微生物菌剂五万吨。二期投资 3 000 万元，10 吨发酵罐 10 个，全部投产后，年产微生物菌剂 20 万吨，将成为国内微生物菌剂产能最大的生产企业。

6.2.2 上市案例

（1）案例一：绝味食品

表 6–6 “绝味食品”相关数据

上市时间	上市公司	上市地点	二级行业	运营主体所在地	筹资额（百万元）	发行市盈率（%）	是否 VC/PE 支持
2017–03	绝味食品	上海证券交易所	食品加工	湖南	804.50	22.99	是

数据来源：私募通，西部发展研究院整理，2018 年 9 月。

2017 年 3 月 17 日，湖南绝味食品股份有限公司在上海证券交易所上市，发行股票 5 000 万股，每股发行价 16.09 元，共募集资金金额 8.045 亿元。

湖南绝味食品股份有限公司是一家以休闲卤制食品的生产和销售以及连锁加盟体系的运营和管理为主营业务的公司。公司下辖华中、华南、华东、西南、华北、东北等 25 家分支机构，并建立了全面覆盖长江流域、珠江流域、黄河流域、松花江流域的 19 个大型食品加工生产基地，及门店总数超过 5 000 家的特许零售专卖网络，员工达到 3 000 余人。

公司为湖南省食品安全标准学会主任委员单位，并已通过质量管理体系、食品安全管理体系、环境管理体系、职业健康安全管理体系等“四体系”认证。先后被有关部门授予“2009 年度中国行业十大质量品牌”“2009 年度质量放心品牌”“2010—2011 年度全国食品工业优秀龙头食品企业”“2011 年度中国食品行业十大质量品牌”“2011 年度中国质量放心品牌”“2012 年度中国食品安全年会百家示范单位”“2012 年度中国优秀特许加盟品牌”。现在公司已通过了国家 QEO 管理体系综合认证；并于 2009 年正式导入目前全球最先进的 ERP 管理系统——SAP–ERP 管理系统；2010 年，公司“绝味”商标被国家工商行政管理总局商标局认定为“中国驰名商标”；2011 年 11 月被评为“省级农业产业化龙头企业”。

（2）案例二：苏垦农发

表 6-7 “苏垦农发”相关数据

上市时间	上市公司	上市地点	二级行业	运营主体所在地	筹资额（百万元）	发行市盈率（%）	是否 VC/PE 支持
2017-05	苏垦农发	上海证券交易所	农业	江苏	2 423.20	22.12	是

数据来源：私募通，西部发展研究院整理，2018 年 9 月。

2017 年 5 月 15 日，江苏省农垦农业发展股份有限公司在上海证券交易所上市，发行股票 26 000 万股，每股发行价 9.32 元，共募集资金金额 24.232 亿元。

江苏省农垦农业发展股份有限公司成立于 2008 年，是一家以自主经营种植基地为核心资源优势的农作物种植、良种育繁、农产品加工及销售全产业链规模化的国有大型农业企业。其控股股东为江苏省农垦集团有限公司（农垦集团），持有公司 93.14% 的股份，农垦集团为江苏省人民政府全资控股的公司，即江苏省人民政府间接控股苏垦农发。

苏垦农发是江苏省目前规模较大、现代化水平较高的农业类公司和商品粮生产基地，具有明显的规模、资源、技术、装备、管理及绿色产品优势。公司规模化经营的高标准农田面积超过 100 万亩，覆盖全省多个地级市。公司目前拥有东辛、黄海、新洋等 19 家分公司，以及江苏省大华种业集团有限公司、江苏省农垦米业集团有限公司、江苏苏垦物流有限公司 3 家全资子公司和 1 所农科院，员工 1.4 万余人。其中，江苏省大华种业集团有限公司是农业产业化国家重点龙头企业，全国 10 强种业企业；江苏省农垦米业集团有限公司是农业产业化国家重点龙头企业，江苏省规模较大的米业企业；江苏苏垦物流有限公司是全省位居前列的农资经营企业。

（3）案例三：道道全

表 6-8 “道道全”相关数据

上市时间	上市公司	上市地点	二级行业	运营主体所在地	筹资额（百万元）	发行市盈率（%）	是否 VC/PE 支持
2017-03	道道全	深圳证券交易所	食品制造业	湖南	1 182.50	22.99	否

数据来源：私募通，西部发展研究院整理，2018 年 9 月。

2017 年 3 月 10 日，道道全粮油股份有限公司在深圳证券交易所上市，发行股票 2 500 万股，每股发行价 47.30 元，共募集资金金额 11.825 亿元。

道道全粮油股份有限公司是一家集食用植物油及其相关副产品生产、科研、贸易、仓储、物流于一体的综合性油脂加工企业。公司总部位于岳阳经济技术开发区，资产总额约 30 亿元，年主营业务收入约 40 亿元，是国内第一家以菜籽油加工为主的上市公司。该公司实行集团化管理运作模式，旗下设四家全资子公司、六个中心、三个部室、一所规划发展研究院。公司分别在岳阳、南京、重庆三地设立生产加工基地，拥有国际先进的年加工 40 万吨油菜籽、大豆预榨生产装置与年加工 35 万吨的油脂精炼深加工生产装置以及年灌装 60 万吨的 11 条中小包装全自动化生产流水线；公司还在湖南城陵矶新港区拥有一座年吞吐量 300 万吨的粮油专用码头。

6.2.3 并购案例

（1）案例一：泸州老窖

表 6–9 “泸州老窖”相关数据

并购时间	并购方	被并购方	二级行业	被并购方所在地	并购金额（百万元）	股权（%）	是否 VC/PE 支持
2017–11	泸州老窖	老窖酿酒	饮料制造业	泸州	2 952.4	N	否

数据来源：私募通，西部发展研究院整理，2018 年 9 月。

2017 年 11 月 22 日，泸州老窖股份有限公司成功受让泸州老窖酿酒有限责任公司，作价 29.53 亿元。

泸州老窖股份有限公司位于中国四川省泸州市，成立于 1995 年 5 月 3 日。经营范围包括：泸州老窖系列酒的生产、销售（以上项目未取得相关行政许可，不得开展经营活动）；进出口经营业务；技术推广服务；发酵制品生产及销售；销售汽车配件、建材及化工原料。（依法须经批准的项目，经相关部门批准后方可开展经营活动）简称：泸州老窖。泸州老窖股份有限公司是具有 400 多年酿酒历史的国有控股上市公司。公司总资产近 30 亿元，生产建筑面积 36 万多平方米。公司拥有我国建造最早、连续使用时间最长、保护最完整的老窖池群，1996 年经国务院批准为全国重点文物保护单位，被誉为“中国第一窖”。

泸州老窖酿酒有限责任公司位于中国四川省泸州市，成立于1995年1月8日。经营范围包括：白酒生产（经营有效期至2015年4月7日）；批发兼零售预包装食品（经营有效期至2016年5月19日）。（依法须经批准的项目，经相关部门批准后方可开展经营活动）简称：老窖酿酒。

（2）案例二：娄底中钰

表6-10 “娄底中钰”相关数据

并购时间	并购方	被并购方	二级行业	被并购方所在地	并购金额（百万元）	股权（%）	是否VC/PE支持
2017-09	娄底中钰	金字火腿	肉制品及副产品加工	娄底	1 540.80	14.71	是

数据来源：私募通，西部发展研究院整理，2018年9月。

2017年9月26日，娄底中钰资产管理有限公司成功受让施延助、施文、施雄飚持有的金字火腿股份有限公司14.71%股权，作价15.41亿元。

娄底中钰资产管理有限公司位于中国湖南省娄底市，成立于2015年10月20日，简称：娄底中钰。经营范围包括：受托资产管理、投资管理（不得从事信托、金融资产管理、证券资产管理及其他限制项目）；投资咨询、企业管理咨询、经济信息咨询、财务咨询；市场信息咨询（以上均不含限制项目）；承办经批准的展览展示活动。

金字火腿股份有限公司位于中国浙江省，成立于1994年11月15日。经营范围包括：生产加工火腿及火腿系列产品、肉制品（腌腊肉制品、酱卤肉制品、发酵肉制品）、罐头（畜禽水产罐头）、调味料（液体）；批零预包装食品、食用农食品；经营增值电信业务；经营进出口业务。简称：金字火腿。金字火腿股份有限公司专业生产金字金华火腿、低盐发酵火腿、火腿罐头、火腿调味品、低温肉制品等系列产品，先后获“中国名牌产品”“中国驰名商标”“国家级高新技术企业”“国家火炬计划重点高新技术企业”“浙江省骨干农业龙头企业”等荣誉，生产规模、市场占有率、品牌知名度连续多年位居行业领先地位。金字火腿股份有限公司已成为金华火腿行业的龙头企业。

（3）案例三：佳沃集团

表6-11 “佳沃集团”相关数据

并购时间	并购方	被并购方	二级行业	被并购方所在地	并购金额（百万元）	股权（%）	是否 VC/PE 支持
2017-03	佳沃集团	佳沃股份	其他食品加工	常德	1 133.47	26.57	是

数据来源：私募通，西部发展研究院整理，2018 年 9 月。

2017 年 3 月 7 日，佳沃集团有限公司成功受让桃源县湘晖农业投资有限公司持有的万福生科（湖南）农业开发股份有限公司 26.57% 股权，作价 11.33 亿元。

佳沃集团有限公司位于北京市海淀区，成立于 2012 年 5 月 18 日。经营范围包括：投资、投资管理、资产管理；经济贸易咨询、企业管理咨询；设计、制作、代理、发布广告；承办展览展示活动；机械设备租赁；种植花卉；销售花、草及观赏植物、饲料、农药（不含危险化学品）、机械设备；技术进出口、货物进出口、代理进出口；技术推广服务；基础软件服务；仓储服务。（企业依法自主选择经营项目，开展经营活动；依法须经批准的项目，经相关部门批准后依批准的内容开展经营活动；不得从事北京市产业政策禁止和限制类项目的经营活动。）简称：佳沃集团。佳沃集团有限公司创立于 2012 年，是联想控股旗下的现代农业和食品产业投资平台。目前已经在饮品、水果、动物蛋白和品牌包装食品等领域建立了领先的全球化产业平台。佳沃集团致力于投资构建农业食品领域的领先企业，整合全球优质资源，为消费者提供安全高品质的农产品和食品，引领和推动中国现代农业的发展。

佳沃农业开发股份有限公司位于中国湖南省常德市，成立于 2003 年 5 月 8 日。经营范围包括：生产、销售高麦芽糖浆、麦芽糊精、淀粉、淀粉糖（葡萄糖、饴糖、异构化糖）、糖果、饼干、豆奶粉、大米蛋白粉、油脂、食用植物油；收购、仓储、销售粮食；加工、销售大米、饲料；生产销售稻壳活性炭、畜牧养殖加工。（以上涉及行政许可的项目凭许可证经营）简称：佳沃股份。佳沃农业开发股份有限公司的前身为成立于 2003 年的湖南省桃源县湘鲁万福有限责任公司。2006 年 3 月，公司更名为湖南湘鲁万福农业开发有限公司。2009 年 10 月 7 日，经股东会审议通过，整体变更设立万福生科（湖南）农业开发股份有限公司。万福生科一直从事稻米精深加工系列产品的研发、生产和销售，旗下品牌为“陬福”，产品范围囊括精制大米、大米结晶葡萄糖、大米高蛋白、高麦芽糖浆等淀粉糖系列产品。万福生科产品广泛应用于食品、饮料、饲料、医药、保健品、化工等行业领域。

6.2.4　大型机构涉足农业的案例

（1）案例一：甘肃省中小企业基金

表6-12　“甘肃省中小企业基金”相关数据

成立时间	公司简称	运营主体所在地	机构类型	目标规模（百万元）	拟投资地域	拟投资领域
2017-03-09	甘肃省中小企业发展基金	甘肃	VC	5 000.00	甘肃	农业

数据来源：私募通，西部发展研究院整理，2018年9月。

甘肃省中小企业发展基金（有限合伙）成立于2016年，存续期10年，由甘肃省政府发起设立，基金投资主要投向为经甘肃省级主管部门认定的“专、精、特、新”中小企业；“科技小巨人”企业；结构调整、产业升级、专业化发展、与大企业协作配套等中小企业；具有良好发展前景的种子期、初创期、早中期创业投资企业和小微企业创业创新示范基地；符合《中国制造2025甘肃行动纲要》确定的发展重点及突破方向的中小企业，利用互联网为企业提供创新与成果推广应用、完善拓展产业链科技支持、众创金融平台、创新资源共享与合作等服务的中小企业等。

甘肃省中小企业发展基金由甘肃省财政和社会资本共同出资设立，按市场化方式运作，委托专业机构运营，进行社会募资和项目投资。基金首期规模暂定为15亿元，其中：省财政中小企业发展专项资金3亿元，争取国家中小企业发展基金等额参股3亿元，募集社会资本9亿元。该基金将利用3年到5年的时间，通过财政注资、募资社会资本、参股设立子基金等方式，使基金总规模达到50亿元。

（2）案例二：央企扶贫基金河南开发子基金

表 6-13　“央企扶贫基金河南开发子基金”相关数据

成立时间	公司简称	运营主体所在地	机构类型	目标规模（百万元）	拟投资地域	拟投资领域
2017-05-11	央企扶贫基金河南开发子基金	河南	FOFs	2 000.00	河南	畜牧业

数据来源：私募通，西部发展研究院整理，2018 年 9 月。

央企扶贫基金河南开发子基金成立于 2017 年，目标规模 20.00 亿元，由中央企业贫困地区产业投资基金股份有限公司、河南农开产业基金投资有限责任公司及河南中原联创投资基金管理有限公司共同发起设立，基金主要投资于养生养老、休闲旅游、文化体育、创客空间、特色农业等各类特色小镇，由河南中原联创投资基金管理有限公司负责管理。

河南中原联创投资基金管理有限公司（简称“中原联创”）由河南省财政厅下属河南省农业综合开发公司投资控股，联合上海东晟投资管理有限公司和北京东方博融资本管理中心于 2015 年 9 月共同发起创立，是专业从事受托管理非证券类股权投资基金及其相关增值服务的综合性基金管理公司。中原联创充分发挥政府性产业发展基金优势，按照各支基金的投资要求，通过市场化运作和专业化管理，采用“项目直接投资 + 子基金”投资模式，推动河南省产业转型升级和发展，为中原崛起做出积极贡献。同时，为被投企业提供后续战略协同、规范发展、资金融通、产业整合、上市指导等增值服务，帮助企业做大做强，实现政府、企业和投资者的三方共赢。

（3）案例三：山高（烟台）辰星投资

表 6-14　“山高(烟台)辰星投资”相关数据

成立时间	公司简称	运营主体所在地	机构类型	目标规模（百万元）	拟投资地域	拟投资领域
2017-12-20	山高（烟台）辰星投资	山东	FOFs	5 751.00	山东	农 / 林 / 牧 / 渔

数据来源：私募通，西部发展研究院整理，2018 年 9 月。

山高（烟台）辰星投资中心（有限合伙）成立于2017年，由山东高速环渤海（天津）股权投资基金管理有限公司负责管理。公司的经营范围：以自有资金对股权、房地产业、建筑业、交通运输、仓储、邮政业、文化、体育、娱乐业进行投资，企业管理咨询。

山东高速环渤海（天津）股权投资基金管理有限公司成立于2016年，注册资本2 000万元。公司的主营业务有出资人授权和委托的资产经营管理、项目投资与经营管理、投资咨询。公司最近半年投资的项目中，渔业（1个）占100%，预估计渔业行业是山东高速环渤海（天津）股权投资基金管理有限公司近期重点关注行业。根据此主体投资历史，主要投资行业是：农、林、牧、渔业。

附　录

附录1　农业产业定义及分类

按国家统计局发布的国民经济行业分类（GB T 4754–2011），农业产业主要集中于门类A的“农、林、牧、渔业”和C大类中13–15，以及35“专用设备制造业”中的353“食品、饮料、烟草及饲料生产专用设备制造”和357“农、林、牧、渔专用机械制造”中。按统计局发布的行业标准，本报告所研究的农业产业主要包括两个一级行业：农、林、牧、渔业和制造业；涉及农业，林业，畜牧业，渔业，农林牧渔服务业，农副食品加工业，食品制造业，酒、饮料和精制茶制造业以及专用设备制造业等二级行业。

农业产业定义及分类

一级分类	二级分类	举例说明
农、林、牧、渔业	农业	谷物种植，豆类、油料和薯类种植，棉、麻、糖、烟草种植，蔬菜、食用菌及园艺作物种植，水果种植，坚果、含油果、香料和饮料作物种植，中药材种植，及其他农业。
	林业	林木育种和育苗，造林和更新，森林经营和管护，木材和竹材采运，林产品采集。
	畜牧业	牲畜饲养，家禽饲养，狩猎和捕捉动物，以及其他畜牧业。
	渔业	水产养殖，水产捕捞。
	农、林、牧、渔服务业	农业服务业：对农业生产活动进行的各种支持性服务，但不包括各种科学技术和专业技术服务，主要指农业机械服务、灌溉服务、农产品初加工服务、其他农业服务等。 林业服务业：为林业生产服务的病虫害的防治、林地防火等各种辅助性活动，主要指林业有害生物防治服务、森林防火服务、林产品初级加工服务、其他林业服务。 畜牧业服务：提供牲畜养殖、圈舍清理、畜产品生产和初级加工等服务。 渔业服务：对渔业生产活动进行的各种支持性服务，包括鱼苗及鱼种场、水产良种场和水产增殖场等进行的活动。

续表

一级分类	二级分类	举例说明
制造业	农副食品加工业	谷物磨制，饲料加工，植物油加工，制糖业，屠宰及肉类加工，水产品加工，蔬菜、水果和坚果加工，其他农副食品加工。
	食品制造业	焙烤食品制造，糖果、巧克力及蜜饯制造，方便食品制造，乳制品制造，罐头食品制造，调味品、发酵制品制造，其他食品制造。
	酒、饮料和精制茶制造业	酒的制造，饮料的制造，精制茶加工。
	专用设备制造业	食品、饮料、烟草及饲料生产专用设备制造，农、林、牧、渔专用机械制造，以及农、林、牧、渔专用仪器仪表制造等。

数据来源：国家统计局，西部发展研究院整理，2018年9月。

附录 2 本报告投资统计数据对农业产业分类

本报告在讨论中国农业产业的投资、上市、并购等数据时，综合国家统计局分类标准，并结合中国 VC/PE 的投资特点，重新将农业产业进行分类，主要分为农业（种植业）、林业、畜牧业、渔业、农资、农产品及食品加工及其他几个行业。

本报告投资统计数据对农业产业分类

行业	分类	细分领域
农业产业	农业（种植业）	农作物的育种、种植。
	林业	林木育苗、育种，林地的种植、维护，以及林产品的采集。
	畜牧业	为获得禽畜产品而进行的动物饲养和捕捉，如猪、牛、羊、鸡、鸭、鹅等的养殖（包括蛋业）等。
	渔业	水产养殖和捕捞。
	农资	农药、化肥。
	农产品及食品加工	农产品和食品的加工、制造，以及饮料的制造等。
	其他	农产品流通，以及其他农业类的相关服务等。

数据来源：公开资料，西部发展研究院整理，2018 年 9 月。

附录 3　2017 年中国涉农产业基金一览表

序号	基金简称	成立时间	基金类型	资本类型	募集状态	目标规模（百万）	基金币种	开始募集时间	是否备案
1	央企扶贫基金河南开发子基金	2017-01-24	FOF基金	本土	已募完	2 000.00	RMB	2016-10-17	是
2	六安安元投资基金	2017-02-07	成长基金	本土	首期募完，正在募集	1 500.00	RMB	2017-02-07	是
3	凯泰民德	2017-02-13	成长基金	本土	正在募集	—	RMB	—	否
4	宁波梅山保税港区雏鹰农业产业基金	2017-02-23	成长基金	本土	首期募完，正在募集	1 200.90	RMB	2017-02-23	是
5	湘江海捷股权投资基金	2017-03-03	创业基金	本土	首期募完，正在募集	1 000.00	RMB	2017-09-07	是
6	圣峰投资	2017-03-08	成长基金	本土	—	—	RMB	2017-03-08	是
7	北京赛英特壹号股权投资中心（有限合伙）	2017-03-08	创业基金	本土	首期募完，正在募集	—	RMB	2014-06-10	是
8	山高（烟台）辰星投资	2017-03-17	FOF基金	本土	首期募完，正在募集	5 750.51	RMB	2017-03-17	是
9	金博研壹昊投资	2017-03-23	成长基金	本土	正在募集	—	RMB	2017-03-23	是
10	华夏健康产业私募投资基金	2017-03-27	成长基金	本土	正在募集	—	RMB	—	是

续表

序号	基金简称	成立时间	基金类型	资本类型	募集状态	目标规模（百万）	基金币种	开始募集时间	是否备案
11	陕西高端装备制造知守基金	2017-04-01	创业基金	本土	首期募完，正在募集	500.00	RMB	2017-04-01	是
12	诸暨上德合利投资合伙企业（有限合伙）	2017-05-03	成长基金	本土	首期募完，正在募集	—	RMB	2017-11-29	是
13	宁波汝星基金	2017-05-05	成长基金	本土	首期募完，正在募集	—	RMB	2017-05-05	是
14	创盈信投	2017-05-09	成长基金	本土	首期募完，正在募集	20.10	RMB	2017-05-09	是
15	锦亭投资	2017-05-15	成长基金	本土	首期募完，正在募集	83.01	RMB	2017-04-20	是
16	真格天域	2017-05-25	创业基金	本土	首期募完，正在募集	80.01	RMB	2017-05-25	是
17	宁波霆龙投资管理合伙企业（有限合伙）	2017-06-08	创业基金	本土	首期募完，正在募集	—	RMB	2017-06-08	是
18	中航基金－远津军民融合 1 号资产管理计划	2017-06-14	证券投资基金	—	正在募集	—	RMB	—	否
19	九鼎策略二期基金	2017-08-04	成长基金	本土	已募完	549.60	RMB	2016-11-02	是
20	智茂基金	2017-08-08	成长基金	本土	首期募完，正在募集	42.00	RMB	2017-08-08	是
21	深圳永利茶油投资合伙企业（有限合伙）	2017-08-29	创业基金	本土	首期募完，正在募集	5.01	RMB	2017-08-29	是

续表

序号	基金简称	成立时间	基金类型	资本类型	募集状态	目标规模（百万）	基金币种	开始募集时间	是否备案
22	湘江龙珠基金	2017-09-06	成长基金	本土	首期募完，正在募集	2 000.00	RMB	2017-09-06	是
23	添橙创新交易二号私募证券投资基金	2017-09-26	证券投资基金	本土	正在募集	—	RMB	—	是
24	杭州德乾基金	2017-09-29	成长基金	本土	首期募完，正在募集	211.00	RMB	2017-09-29	是
25	新余银石九号投资管理	2017-10-12	创业基金	本土	首期募完，正在募集	13.71	RMB	2017-10-12	是
26	共青城双诚睿见昭翮基金	2017-10-19	创业基金	本土	首期募完，正在募集	10.00	RMB	2017-10-19	是
27	君洋和创一号基金	2017-10-25	创业基金	本土	首期募完，正在募集	—	RMB	2017-09-01	是
28	君盈惠康	2017-11-17	成长基金	本土	正在募集	—	RMB	—	是
29	大正泽霖基金	2017-11-24	成长基金	本土	首期募完，正在募集	101.00	RMB	2017-11-24	是
30	吉林启迪现代农业股权投资基金	2017-12-08	成长基金	本土	首期募完，正在募集	900.00	RMB	2017-12-08	是

数据来源：私募通，西部发展研究院整理，2018 年 9 月。

附录 4　2017 年新三板农业企业挂牌情况

企业名称	挂牌时间	行业	地区	股票代码	股本	VC/PE 支持的 IPO
中荷花卉	2017-12-27	农业（种植业）	连云港市	872465	20 000 000	否
润生堂	2017-12-19	农业（种植业）	河源市	872492	36 000 000	否
上海生农	2017-12-19	农资	上海市	872476	33 000 000	否
绿州农业	2017-12-11	农业（种植业）	漳州市	872436	12 000 000	否
吾尔利	2017-12-05	农资	荆门市	872366	114 042 518	否
安友农场	2017-12-01	畜牧业	楚雄彝族自治州	872359	21 633 100	否
银山股份	2017-11-17	农产品和食品加工	合肥市	872247	41 000 000	否
丽宫食品	2017-11-17	农产品和食品加工	江门市	872325	40 000 000	否
徽生源	2017-11-17	农业（种植业）	六安市	872377	22 800 000	否
农好股份	2017-11-17	农产品和食品加工	上海市	872376	23 600 000	否
金银卡	2017-11-16	农产品和食品加工	广州市	872338	42 000 000	否
御龙渔业	2017-11-15	渔业	大连市	872349	89 300 000	否
美客多	2017-11-13	农产品和食品加工	遵化市	872322	115 647 300	是
协汇食品	2017-11-08	农产品和食品加工	威海市	872310	10 100 000	否
东方亮	2017-11-08	农业（种植业）	大同市	872301	20 000 000	否
慈生堂	2017-11-08	农产品和食品加工	秦皇岛市	872370	10 000 000	否
闽威实业	2017-10-24	渔业	宁德市	871927	65 273 138	是
四宝生物	2017-10-23	畜牧业	伊春市	872264	18 061 400	否
巴山牧业	2017-10-12	畜牧业	巴中市	872245	35 000 000	否
利农种业	2017-09-29	农业（种植业）	汕头市	872212	30 000 000	否
西藏青稞	2017-09-28	农产品和食品加工	日喀则市	872225	12 000 000	否
荣泰农业	2017-09-27	农产品和食品加工	安康市	872193	7 000 000	否

续表

企业名称	挂牌时间	行业	地区	股票代码	股本	VC/PE 支持的 IPO
亚雄农业	2017-09-14	农业（种植业）	张家口市	871720	78 170 000	否
大地牧业	2017-09-08	畜牧业	烟台市	872093	62 360 000	否
恒力通	2017-08-31	畜牧业	绵阳市	872098	31 687 590	否
福吉佳	2017-08-28	农产品和食品加工	苏州市	871782	38 000 000	否
林家铺子	2017-08-24	农产品和食品加工	大连市	871930	37 313 433	是
海航饮品	2017-08-24	农产品和食品加工	海口市	872009	80 000 000	否
彩虹科技	2017-08-23	农产品和食品加工	北京市	871958	10 000 000	否
正味食品	2017-08-22	农产品和食品加工	南昌市	871723	10 000 000	否
博联股份	2017-08-18	农业（种植业）	遵义市	871812	10 000 000	否
惠泽龙	2017-08-18	农产品和食品加工	宁德市	872113	50 000 000	否
绿湖股份	2017-08-17	林业	惠州市	871934	63 180 000	否
味正品康	2017-08-16	农产品和食品加工	威海市	872022	11 000 000	否
天润生态	2017-08-15	农业（种植业）	梅州市	871758	50 880 000	否
安赛股份	2017-08-11	农产品和食品加工	杭州市	871863	36 912 753	否
天寅生物	2017-08-10	农产品和食品加工	廊坊市	871989	30 000 000	否
自然种猪	2017-08-10	畜牧业	淮北市	872006	30 000 000	否
隆鑫股份	2017-08-10	农产品和食品加工	滨州市	871945	26 600 000	否
达诺乳业	2017-08-10	农产品和食品加工	滁州市	871797	20 000 000	否
味巴哥	2017-08-10	农产品和食品加工	泰州市	871988	20 000 000	否
新金山	2017-07-13	农产品和食品加工	云浮市	871395	60 000 000	否
石羊农科	2017-07-11	农产品和食品加工	陕西省	871667	60 000 000	否
沈郎油茶	2017-06-28	农产品和食品加工	三明市	871593	21 130 000	否
商大科技	2017-06-23	农产品和食品加工	南宁市	871654	70 000 000	否
佳和农牧	2017-06-22	畜牧业	常德市	871537	90 000 000	是
宝丽嘉华	2017-06-19	农产品和食品加工	沈阳市	871652	10 000 000	否
唐豆豆	2017-06-13	农产品和食品加工	辽源市	871612	40 000 000	否
阿兴记	2017-06-09	畜牧业	重庆市	871588	30 000 000	否
六马科技	2017-06-05	畜牧业	北京市	871497	12 773 750	否
天伟生物	2017-06-05	农产品和食品加工	绍兴市	871471	16 800 000	否

续表

企业名称	挂牌时间	行业	地区	股票代码	股本	VC/PE 支持的 IPO
天心种业	2017-05-24	畜牧业	长沙市	871499	66 000 000	否
沃农股份	2017-05-23	农业（种植业）	南昌市	871547	66 280 000	否
陇萃堂	2017-05-22	农产品和食品加工	兰州市	871486	35 512 000	否
百夫长	2017-05-18	农产品和食品加工	广元市	871512	19 000 000	否
永丰面业	2017-05-15	米面制品制造	洛阳市	871555	15 000 000	否
海赫股份	2017-05-12	农产品和食品加工	齐齐哈尔市	871445	32 930 000	否
长乐情	2017-05-12	农产品和食品加工	岳阳市	871369	50 000 000	否
金沙股份	2017-05-05	农产品和食品加工	阿拉善盟	871401	80 000 000	否
丰润生物	2017-04-18	农产品和食品加工	哈尔滨市	871329	94 944 200	否
北味菌业	2017-04-17	农业（种植业）种植	海林市	871327	138 562 236	否
龙生茶业	2017-04-17	农业（种植业）种植	普洱市	871313	128 000 000	是
旺峰肉业	2017-04-17	畜牧业	重庆市	871308	45 300 000	否
裕龙农牧	2017-04-13	畜牧业	滨州市	871336	50 000 000	否
汇湘轩	2017-04-12	农产品和食品加工	长沙市	871310	45 000 000	是
天方科技	2017-04-11	农业（种植业）	嵊州市	871294	48 085 400	是
万芳园艺	2017-03-30	农业（种植业）	将乐县	871191	30 602 725	否
皇封参	2017-03-30	农业（种植业）	靖宇县	871195	78 000 000	是
锦源生物	2017-03-30	农产品和食品加工	宜春市	871184	85 000 000	否
富诺健康	2017-03-30	农产品和食品加工	广州市	871162	13 746 158	否
荣舟海洋	2017-03-29	农产品和食品加工	舟山市	871208	28 500 000	否
华宝科技	2017-03-29	农产品和食品加工	聊城市	871275	30 000 000	否
中绿恒	2017-03-24	农业（种植业）	九江市	871173	4 200 000	否
鸿泰种业	2017-03-23	农业（种植业）	张掖市	870837	30 000 000	否
中农联合	2017-03-22	农资	山东省	871103	72 630 000	是
绿金高新	2017-03-22	农资	成都市	870415	41 660 244	否
旭梅科技	2017-03-22	农产品和食品加工	上海市	871203	50 000 000	否
润康生态	2017-03-22	农资	深圳市	871163	61 190 000	否
久久农科	2017-03-17	农产品和食品加工	驻马店市	871111	100 000 000	否

续表

企业名称	挂牌时间	行业	地区	股票代码	股本	VC/PE 支持的 IPO
天鸿农资	2017-03-09	农资	海城市	871011	15 000 000	否
希源农业	2017-03-09	农业（种植业）	三亚市	870981	25 000 000	否
邦禾生态	2017-03-09	农资	南京市	871177	50 000 000	否
快达农化	2017-03-01	农资	江苏省	870536	126 244 898	否
银宝生物	2017-02-28	渔业	盐城市	870701	60 000 000	否
鑫丰种业	2017-02-28	农业（种植业）	聊城市	870991	100 180 000	否
绿福股份	2017-02-24	农业（种植业）	安庆市	871030	30 000 000	否
先卓科技	2017-02-23	农产品和食品加工	南京市	870951	14 000 000	否
金刚山	2017-02-22	农产品和食品加工	延边朝鲜族自治州	870983	14 000 000	否
银丰园林	2017-02-20	林业	益阳市	870697	5 000 000	否
高更科技	2017-02-20	农产品和食品加工	上海市	870909	11 000 000	否
绿亨科技	2017-02-16	农业（种植业）	海淀区	870866	71 750 000	否
盛态粮食	2017-02-16	农产品和食品加工	鄱阳县	870736	38 000 000	否
祥瑞丰	2017-02-16	林业	钟祥市	870845	21 125 000	否
恒亮股份	2017-02-16	农产品和食品加工	衢州市	870792	13 880 000	否
柏兆记	2017-02-16	农产品和食品加工	合肥市	870836	25 000 000	否
仕外田源	2017-02-13	农产品和食品加工	秭归县	870703	23 800 000	是
巨丰牧业	2017-02-10	畜牧业	德州市	870540	30 000 000	否
登博生态	2017-02-08	林业	南京市	870732	10 100 000	是
歌瑞农牧	2017-02-07	畜牧业	焦作市	839928	40 000 000	否
宇宁果胶	2017-02-06	农产品和食品加工	宿州市	870649	35 600 000	否
蜂联科技	2017-01-26	农产品和食品加工	芜湖市	870675	23 648 000	否
欧福蛋业	2017-01-25	农产品和食品加工	苏州市	839371	145 271 180	否
皓腾牧业	2017-01-25	畜牧业	锡林郭勒盟	870610	50 800 000	否
华牧科技	2017-01-24	畜牧业	宜昌市	870734	20 000 000	否
东吾洋	2017-01-24	农产品和食品加工	霞浦县	870510	10 000 000	是
楼兰酒庄	2017-01-23	农产品和食品加工	吐鲁番市	870372	123 360 000	否
诚成肥业	2017-01-20	农资	唐山市	870673	20 000 000	否

续表

企业名称	挂牌时间	行业	地区	股票代码	股本	VC/PE 支持的 IPO
香兰米业	2017-01-19	农业（种植业）	佳木斯市	870503	50 050 000	否
宝源生物	2017-01-10	农资	烟台市	870410	39 000 000	否
安达农森	2017-01-04	农资	德阳市	870358	24 397 000	否
金土生物	2017-01-03	农资	唐山市	870174	24 220 000	否
晟麦实业	2017-01-03	农产品和食品加工	本溪市	870121	60 000 000	否
天惠食品	2017-01-03	农产品和食品加工	广州市	870117	7 836 113	是

数据来源：私募通，西部发展研究院整理，2018 年 9 月。

附录 5　2017 年四板农业企业挂牌情况

企业名称	挂牌时间	行业（清科）	地区	股票代码	是否 VC/PE 支持
金碧牧业	2017-03-17	畜牧业	商丘市	100048	否
爱琴农业	2017-03-14	畜牧业	铁岭市	E00102	否
海波生物	2017-03-13	农产品及食品加工	烟台市	301457	否
锦翔菌业	2017-03-13	农业（种植业）	楚雄市	100800	否
香百鲜	2017-03-13	农产品及食品加工	白银市	103159	否
熙堰农产品	2017-03-08	农业（种植业）	陇南市	103149	否
德华生物	2017-03-08	农产品及食品加工	兰州市	103150	否
东宇顺	2017-03-02	农产品及食品加工	天津市	000232	否
弘利农牧	2017-03-01	其他	白银市	103141	否
济地农业	2017-02-28	农业（种植业）	天津市	912061	否
新润农业	2017-02-27	其他	淄博市	300618	否
中爱牡丹	2017-02-27	农业（种植业）	聊城市	172122	否
广源米业	2017-02-24	农业（种植业）	哈尔滨市	100797	否
粗粮坊	2017-02-24	农业（种植业）	郑州市	100047	否
森瑞林业	2017-02-21	林业	白银市	103135	否
乐上口	2017-02-17	农产品及食品加工	淄博市	300851	否
汇润科技	2017-02-16	农产品及食品加工	安丘市	301069	否
康特农业	2017-02-16	其他	济南市	300889	否
山东泽泰	2017-02-16	林业	济南市	301455	否
玉兔食品	2017-02-15	农产品及食品加工	淄博市	100351	否
合采农业	2017-02-14	农业（种植业）	淄博市	300620	否
燎原农业	2017-02-14	农业（种植业）	寿光市	100352	否
李里农业	2017-02-14	农业（种植业）	淄博市	301555	否

续表

企业名称	挂牌时间	行业（清科）	地区	股票代码	是否 VC/PE 支持
科通生物	2017-02-10	畜牧业	淄博市	300987	否
禾牧农业	2017-02-10	农业（种植业）	白银市	103131	否
天地添乐	2017-02-10	农业（种植业）	诸城市	300471	否
江信科技	2017-02-10	农产品及食品加工	诸城市	300473	否
相府工贸	2017-02-10	农产品及食品加工	诸城市	300472	否
华宝食品	2017-02-10	农产品及食品加工	潍坊市	100301	否
仁和农牧	2017-02-10	其他	白银市	103132	否
天福食品	2017-02-10	农产品及食品加工	诸城市	300483	否
佳乐福	2017-01-23	农业（种植业）	银川市	680277	否
康源生物	2017-01-18	农业（种植业）	临沂市	171065	否
浩正饲料	2017-01-18	农产品及食品加工	寿光市	300653	否
绿立食品	2017-01-16	农产品及食品加工	海口市	80087	否
海之润	2017-01-16	农产品及食品加工	荣成市	300996	否
元亨投资	2017-01-16	农业（种植业）	海口市	80093	否
南鹿股份	2017-01-16	农业（种植业）	三亚市	80083	否
芳洲园林	2017-01-13	农业（种植业）	海口市	80069	否
青禾食品	2017-01-13	农产品及食品加工	日照市	300517	否
阳光花卉	2017-01-13	林业	菏泽市	172052	否
华隆科技	2017-01-12	农产品及食品加工	乳山市	100478	否
威鹰芳香	2017-01-12	农业（种植业）	威海市	172032	否
迦南美地	2017-01-12	渔业	日照市	300529	否
中曦农业	2017-01-12	农业（种植业）	日照市	300521	否
山泰食品	2017-01-12	农产品及食品加工	威海市	100427	否
荣美尔	2017-01-12	农产品及食品加工	青州市	100485	否
大地生物	2017-01-12	林业	烟台市	172038	否
时兴农业	2017-01-09	农业（种植业）	南阳市	100045	否
欣洲园林	2017-01-09	农业（种植业）	淄博市	100378	否
中禾健元	2017-01-06	农产品及食品加工	菏泽市	301571	否
绿风源	2017-01-04	农产品及食品加工	库尔勒市	660609	否

续表

企业名称	挂牌时间	行业（清科）	地区	股票代码	是否 VC/PE 支持
通德农业	2017-01-04	农业（种植业）	克拉玛依市	660587	否
通德生物	2017-01-04	林业	克拉玛依市	660588	否
克兰源渔业	2017-01-04	渔业	阿勒泰地区	660611	否
伊麦香城	2017-01-04	农产品及食品加工	阜康市	660613	否
绿地果业	2017-01-04	农业（种植业）	和田地区	660606	否
谢利盖畜牧	2017-01-04	农产品及食品加工	塔城地区	660632	否
易沙科技	2017-01-04	林业	乌鲁木齐市	660599	否
西域马业	2017-01-04	畜牧业	伊犁哈萨克自治州	660617	否
南玉农业	2017-01-04	农/林/牧/渔	南宁市	901383	否

数据来源：私募通，西部发展研究院整理，2018 年 9 月。

附录 6　2017 年农业领域并购案例汇总

并购方	被并购方	行业	地区	并购结束时间	并购金额（百万）	币种	股权（%）	是否VC/PE支持
湖北盛木	宏升肠衣	农产品及食品加工	柳州市	2017-12-30	127.54	RMB	100.00	是
禾瑞商贸	麦瑞宠物	农产品及食品加工	烟台市	2017-12-29	5.50	RMB	100.00	否
宏源农牧	宏源久恩	农业	锡林浩特市	2017-12-28	0.98	RMB	49.00	是
西咸乐钛	济邦生态	农资	西安市	2017-12-25	12.60	RMB	67.20	是
海大集团	大信集团	畜牧业	青岛市	2017-12-25	298.78	RMB	60.00	是
广州酒家	酒家集团	农产品及食品加工	广州市	2017-12-23	379.73	RMB	—	否
胡晓珊，黎奇林，仇世胜，湖南海源，方展靖	湖南国发	农资	临湘市	2017-12-21	47.50	RMB	50.41	是
融达信息	大鹏畜禽	畜牧业	鄂州市	2017-12-21	105.00	RMB	99.90	否
宏源农牧	宏源利佳	农产品及食品加工	锡林浩特市	2017-12-20	2.45	RMB	49.00	否
汉和生物	广西新方向	农业	南宁市	2017-12-18	1.47	RMB	51.40	否
博泓合丰	维维股份	农产品及食品加工	江苏省	2017-12-16	582.47	RMB	6.90	是
飞尚实业	盐城捷康	农产品及食品加工	盐城市	2017-12-13	65.57	RMB	35.00	否
禾中集团	亚雄农业	农业	张家口市	2017-12-12	5.00	RMB	1.28	否
华统股份	广信食品	农产品及食品加工	台州市	2017-12-11	23.89	RMB	100.00	是

续表

并购方	被并购方	行业	地区	并购结束时间	并购金额（百万）	币种	股权（%）	是否VC/PE支持
上海牛奶	重庆食品	农产品及食品加工	重庆市	2017-12-08	—	—	84.55	否
傲农生物	吉安傲农	渔业	吉安市	2017-12-08	75.00	RMB	--	否
禾中集团	亚雄农业	农业	张家口市	2017-12-04	20.00	RMB	5.12	否
安井食品	华顺民生	农产品及食品加工	无锡市	2017-11-30	130.00	RMB	—	否
傲农生物	聚农农业	农业种植	漳州市	2017-11-30	9.00	RMB	100.00	否
禾中集团	亚雄农业	农业	张家口市	2017-11-29	15.00	RMB	3.84	否
傲农生物	赵木兰养殖	畜牧业	漳州市	2017-11-28	9.00	RMB	100.00	否
红东方生态	东方化工	农资	许昌市	2017-11-23	5.00	RMB	10.00	否
华统股份	正康猪业	畜牧业	义乌市	2017-11-23	21.24	RMB	35.00	是
乐享食品	盖世食品	农产品及食品加工	大连市	2017-11-22	<0.01	RMB	—	否
泸州老窖	老窖酿酒	农产品及食品加工	泸州市	2017-11-22	2 952.74	RMB	—	否
众成实业	裕丰食品	农产品及食品加工	梅州市	2017-11-20	7.00	RMB	10.00	否
超级大陆	超科食品	农产品及食品加工	无锡市	2017-11-17	65.00	RMB	10.00	否
安井食品	辽宁安井	农产品及食品加工	鞍山市	2017-11-17	150.00	RMB	—	否
兆新股份	锦泰钾肥	农资	海西蒙古族藏族自治州	2017-11-15	200.00	RMB	6.25	是
西科种业	随州瑞泰	农资	随州市	2017-11-08	19.56	RMB	21.00	是
傲农生物	宏业畜牧	畜牧业	金华市	2017-11-08	11.18	RMB	40.20	否
幼满食品	广益股份	农业	常德市	2017-11-08	3.98	RMB	4.42	否
傲农生物	诏安优农	畜牧业	漳州市	2017-11-08	1.00	RMB	100.00	否
傲农生物	南昌傲农	农产品及食品加工	南昌市	2017-11-07	76.60	RMB	—	否
傲农生物	辽宁傲农	农产品及食品加工	沈阳市	2017-11-07	39.40	RMB	—	否

续表

并购方	被并购方	行业	地区	并购结束时间	并购金额（百万）	币种	股权（%）	是否VC/PE支持
大康农业	LandCo Administradora de Bense Imóveis S.A.	农业	巴西	2017-11-04	—	RMB	49.00	否
大康农业	Belagricola	农业	巴西	2017-11-04	—	RMB	53.99	否
傲农生物	四川傲农	农产品及食品加工	邛崃市	2017-11-03	39.16	RMB	—	否
红太阳	安徽瑞邦	农资	马鞍山市	2017-11-02	168.00	RMB	—	否
华统股份，程词	政新食品	农产品及食品加工	建德市	2017-10-31	4.61	RMB	—	是
傲农生物	禧鼎科技	农业	南昌市	2017-10-30	13.00	RMB	26.00	否
圣农发展	圣农食品	农产品及食品加工	南平市	2017-10-25	231.00	RMB	100.00	是
颖泰生物	禾益化工	农资	九江市	2017-10-24	9.90	RMB	1.31	否
星源农牧	中德牧业	畜牧业	福清市	2017-10-24	58.00	RMB	—	是
吉林森工	森工集团	农产品及食品加工	白山市	2017-10-19	884.48	RMB	75.45	否
草都草	易牧农牧	畜牧业	锡林浩特市	2017-10-17	7.00	RMB	—	是
勇辉生态	德康农牧	农业	内江市	2017-10-17	3.00	RMB	30.00	否
颖泰生物	禾益化工	农资	九江市	2017-10-12	4.30	RMB	0.57	否
正邦集团	正邦科技	农产品及食品加工	江西省	2017-09-29	156.06	RMB	1.18	否
天津瀚益丰商贸	荷金股份	农产品及食品加工	宿州市	2017-09-29	—	—	4.25	否
华统股份	政新食品	农产品及食品加工	建德市	2017-09-29	10.89	RMB	70.00	是
娄底中钰	金字火腿	农产品及食品加工	浙江省	2017-09-26	1 540.80	RMB	14.71	是
天邦股份	七好生物	渔业	即墨市	2017-09-26	75.00	RMB	100.00	否
和美集团	隆达食品	农产品及食品加工	滨州市	2017-09-21	36.80	RMB	70.00	否

续表

并购方	被并购方	行业	地区	并购结束时间	并购金额（百万）	币种	股权（%）	是否VC/PE支持
吉和昌	奥克特种	农资	武汉市	2017-09-07	55.11	RMB	60.00	否
好收成	精耕天下	农资	北京市	2017-09-04	—	—	2.41	否
藏格控股	藏格钾肥	农资	海西蒙古族藏族自治州	2017-08-29	70.85	RMB	0.78	是
伊力特集团	伊力特	农产品及食品加工	伊犁哈萨克自治州	2017-08-24	—	—	50.51	否
益生股份	民益和	畜牧业	宿州市	2017-08-22	42.00	RMB	70.00	是
三孚股份	三孚钾肥	农资	唐山市	2017-08-18	30.00	RMB	—	否
桐城供销	绿福股份	农业	安庆市	2017-08-18	4.00	RMB	3.33	否
朝农高科	棋盘塔生态	农业种植	宣城市	2017-08-18	7.50	RMB	60.00	否
佳沃股份	国星股份	农产品及食品加工	青岛市	2017-08-15	192.00	RMB	55.00	否
重药控股	建峰化肥	农资	重庆市	2017-08-12	550.00	RMB	—	否
云南资管	青海云天化	农资	西宁市	2017-08-09	—	RMB	96.43	否
桐城供销	绿福股份	农业	安庆市	2017-08-09	8.00	RMB	6.67	否
煌上煌	广东煌上煌	农产品及食品加工	广东省	2017-08-08	102.79	RMB	—	是
安井食品	泰州安井	农产品及食品加工	兴化市	2017-08-05	260.49	RMB	—	否
丰瑞恒盛	美基食品	农产品及食品加工	鹤壁市	2017-08-04	101.10	RMB	10.98	否
富邦股份	PST	农资	法国	2017-08-03	120.00	RMB	100.00	否
江苏银行	柳化股份	农资	柳州市	2017-08-02	—	—	0.75	是
湖州城投	奥奇食品	农产品及食品加工	湖州市	2017-08-01	10.26	RMB	7.13	是
湖州城投	奥奇食品	农产品及食品加工	湖州市	2017-07-27	—	—	3.05	是
嘉麟杰	德青源	畜牧业	北京市	2017-07-20	82.24	RMB	5.45	是
群大科技	群大畜牧	畜牧业	海宁市	2017-07-20	7.00	RMB	—	否
湘村股份	湘村高科	畜牧业	北京市	2017-07-14	16.50	RMB	—	是

续表

并购方	被并购方	行业	地区	并购结束时间	并购金额（百万）	币种	股权（%）	是否VC/PE支持
新大洲	Lorsinal	农产品及食品加工	乌拉圭	2017-07-08	16.00	USD	50.00	否
沙隆达	ADAMA	农产品及食品加工	以色列	2017-07-07	18 471.01	RMB	100.00	否
伊赛牛肉	修武伊赛	畜牧业	焦作市	2017-06-30	200.00	RMB	—	是
晨光生物	克拉玛依晨光	农业	克拉玛依市	2017-06-28	13.20	RMB	55.00	是
中旗股份	淮安国瑞	农资	淮安市	2017-06-28	52.55	RMB	—	否
西科种业	随州瑞泰	农资	随州市	2017-06-26	—	RMB	30.00	是
佳和农牧	瑞金双鑫	畜牧业	瑞金市	2017-06-22	38.50	RMB	55.00	是
佳和农牧	凤凰佳和	畜牧业	湘西土家族苗族自治州	2017-06-22	13.20	RMB	88.00	是
江苏银行深圳分行	柳化股份	农资	柳州市	2017-06-20	—	—	2.25	否
红太阳	安徽瑞邦	农资	马鞍山市	2017-06-20	168.00	RMB	—	否
天域生态	美联生态	林业	上饶市	2017-06-20	65.55	RMB	—	是
天域生态	美禾苗木	林业	株洲市	2017-06-20	165.15	RMB	—	是
甘肃农垦	莫高股份	农产品及食品加工	兰州市	2017-06-15	215.47	RMB	5.00	否
众兴菌业	东藏农业	农业	德阳市	2017-06-14	46.00	RMB	24.10	是
荣惠企管	天合牧科	畜牧业	韶关市	2017-06-13	7.20	RMB	5.05	否
利民股份	双吉化工	农资	辛集市	2017-06-12	232.13	RMB	79.50	否
克明面业	五谷道场	农产品及食品加工	北京市	2017-06-09	12.83	RMB	100.00	否
元成股份	菏泽元成	林业	菏泽市	2017-06-09	46.87	RMB	—	否
中国化工	先正达	农资	瑞士	2017-06-08	43 000.00	USD	94.70	否
楼兰酒庄	楼兰深根	农产品及食品加工	吐鲁番市	2017-06-06	3.00	RMB	—	否
天兆猪业，李文光	英歌天兆	畜牧业	内蒙古自治区	2017-06-02	6.00	RMB	23.08	否

续表

并购方	被并购方	行业	地区	并购结束时间	并购金额（百万）	币种	股权（%）	是否VC/PE支持
光明乳业	新西兰乳业	农产品及食品加工	新西兰	2017-06-01	33.20	NZD	100.00	否
中旗股份	淮安国瑞	农资	淮安市	2017-05-26	57.45	RMB	—	否
东兴证券，中山证券，李萌，李新昌	熊猫雷笋	农业	重庆市	2017-05-26	—	—	2.76	否
华统股份，祝建国，刘志强，王峰	民心食品	农产品及食品加工	衢州市	2017-05-25	8.00	RMB	—	是
元成股份	金湖元成	林业	淮安市	2017-05-25	101.87	RMB	—	否
隆平高科	惠民农业	农业种植	武汉市	2017-05-11	70.97	RMB	32.49	否
天兆猪业	甘肃天兆	畜牧业	庆阳市	2017-05-11	4.00	RMB	40.00	否
金达威	Labrada	农产品及食品加工	美国	2017-05-10	8.10	USD	30.00	否
工投集团	泸天化	农资	泸州市	2017-05-05	628.24	RMB	19.66	否
永辉超市	星源农牧	畜牧业	福州市	2017-05-05	17.36	RMB	7.74	是
贵糖股份，金瓯糖业	永福顺兴	农产品及食品加工	桂林市	2017-05-04	39.00	RMB	93.46	否
升达集团	湖北升达	林业	武汉市	2017-05-03	—	—	100.00	否
升达集团	升达造林	林业	成都市	2017-05-03	—	—	100.00	否
升达集团	上海升达	林业	上海市	2017-05-03	—	—	99.00	否
华统股份	民心食品	农产品及食品加工	衢州市	2017-04-27	20.40	RMB	51.00	是
唐人神	龙华农牧	畜牧业	株洲市	2017-04-24	458.60	RMB	90.00	是
保龄宝	保立康	农产品及食品加工	禹城市	2017-04-22	9.00	RMB	—	是
甘肃农垦	甘肃绿色空间	农业种植	兰州市	2017-04-22	—	—	100.00	否
罗牛山	罗牛山实业	农业	海口市	2017-04-19	180.00	RMB	—	否
涪陵榨菜	惠通食业	农产品及食品加工	眉山市	2017-04-15	15.00	RMB	—	否

续表

并购方	被并购方	行业	地区	并购结束时间	并购金额（百万）	币种	股权（%）	是否VC/PE支持
额尔敦	锡林额尔敦	畜牧业	锡林浩特市	2017-04-13	29.00	RMB	—	否
象屿集团	象屿农林	林业	厦门市	2017-04-13	202.62	RMB	100.00	否
湖南省人民政府国有资产监督管理委员会，长沙市人民政府国有资产监督管理委员会	湖南粮食集团	农产品及食品加工	湖南省	2017-04-08	—	—	100.00	否
苏利股份，Oxon Asia	苏利化学	农资	江阴市	2017-04-07	116.82	RMB	--	是
中海海洋	青岛中海	农产品及食品加工	青岛市	2017-03-30	—	RMB	60.00	是
上海蓝度	力天科技	农业	巩义市	2017-03-23	98.40	RMB	45.00	否
华统股份	苏州华康	农产品及食品加工	苏州市	2017-03-23	50.00	RMB	—	是
唐人神控股	唐人神	农业	株洲市	2017-03-15	300.00	RMB	5.26	是
宏诚投资	三宝农业	农业	兰州市	2017-03-15	—	—	2.47	是
宏诚投资	三宝农业	农业	兰州市	2017-03-13	1.18	RMB	0.47	是
万里扬集团	欧润尼农	农业	浙江省	2017-03-10	13.00	RMB	67.00	否
佳沃集团	佳沃股份	农产品及食品加工	常德市	2017-03-07	1 133.47	RMB	26.57	是
常德博胜	精为天	农产品及食品加工	常德市	2017-03-07	6.48	RMB	—	否
平潭富海	海富特	农产品及食品加工	福州市	2017-03-06	8.49	RMB	5.34	是
会稽山	塔牌绍兴酒	农产品及食品加工	绍兴市	2017-03-04	161.15	RMB	14.78	是

续表

并购方	被并购方	行业	地区	并购结束时间	并购金额（百万）	币种	股权（%）	是否VC/PE支持
大东方	三凤桥肉庄	农产品及食品加工	无锡市	2017-03-01	50.55	RMB	—	否
小西牛	吴忠小西牛	畜牧业	吴忠市	2017-02-27	50.00	RMB	—	是
常德博胜	精为天	农产品及食品加工	常德市	2017-02-21	6.65	RMB	—	否
联泰至盛基金	北林科技	林业	北京市	2017-02-20	—	—	5.00	否
京东农业	三泉食品	农产品及食品加工	常州市	2017-02-17	4.59	RMB	51.00	否
友宝	友咖科技	农产品及食品加工	深圳市	2017-02-15	100.00	RMB	—	否
桂发祥	空港公司	农产品及食品加工	天津市	2017-02-14	100.00	RMB	33.33	否
联泰至盛基金	北林科技	林业	北京市	2017-02-07	—	—	5.00	否
参仙源	参仙源生物	农产品及食品加工	丹东市	2017-02-07	30.08	RMB	90.00	是
联泰至盛基金	北林科技	林业	北京市	2017-01-26	93.34	RMB	5.56	否
金桥投资	蓬莱海洋	农产品及食品加工	烟台市	2017-01-25	—	—	10.86	否
中谷农业	中喜生态	林业	滨州市	2017-01-23	—	—	0.56	是
永裕投资	保龄宝	农产品及食品加工	德州市	2017-01-21	541.54	RMB	7.33	是
创星产业园	韶关星河	农业	广东省	2017-01-17	174.21	RMB	100.00	否
创星产业园	西充星河	农业	南充市	2017-01-17	33.69	RMB	52.16	否
中谷农业	中喜生态	林业	滨州市	2017-01-16	—	—	0.08	是
西科种业	盈泰现代	农业	合肥市	2017-01-12	1.80	RMB	36.00	是
—	黑牛实业	农产品及食品加工	汕头市	2017-01-10	9.16	RMB	100.00	否
—	揭阳市黑牛	农产品及食品加工	揭阳市	2017-01-10	98.27	RMB	100.00	否

续表

并购方	被并购方	行业	地区	并购结束时间	并购金额（百万）	币种	股权（%）	是否VC/PE支持
—	黑牛食品工业	农产品及食品加工	合肥市	2017-01-10	308.38	RMB	100.00	否
—	黑牛食品（广州）	农产品及食品加工	广州市	2017-01-10	19.48	RMB	100.00	否
天合牧科	清远龙发	畜牧业	英德市	2017-01-10	33.70	RMB	64.81	否
新希望	本香农业	畜牧业	咸阳市	2017-01-07	616.00	RMB	70.00	是
永达食品	美基食品	农产品及食品加工	鹤壁市	2017-01-05	—	—	1.99	否
四川大胜实业有限公司	旺泽畜牧	畜牧业	绵阳市	2017-01-05	—	—	49.00	否

数据来源：私募通，西部发展研究院整理，2018 年 9 月。